公民意识教育：
法治实践的附加价值研究

李升元　著

中国人民公安大学出版社
·北 京·

自　序

　　20 年前，还是大学时代，曾经为一个公民不仅应当遵守公共秩序，而且还应当维护公共秩序的问题，跟自己的宪法老师讨论得意犹未尽。参加工作后，偶尔在系资料室看到一本解思忠先生撰写的《国民素质忧思录》读本，很为著者有关我国国民素质的剖析所折服。后来由于教学需要，也写过两篇与公民有关的论文，然而，自己也不曾想过，读博期间，居然跟公民研究再次结缘，以至于有了今天这本有关公民意识教育与法治实践的论著。

　　当代中国，历经 30 余年市场化改革与建设法治国家的努力，基于社会主义法治实践的公民意识教育事实上开展得异常活跃。与互联网等新传媒引发的信息革命相适应，充分利用法治实践进行公民意识教育日益成为现实和可能。然而，实证调查发现，虽然纯粹的臣民早已退出历史舞台，但臣民意识并未彻底消除，公民意识虽得到一定发展但内涵很不丰富，在一定程度上仍呈现出"知、情、意"三者间的背离；在公民意识教育方面，一直以来相对重视"课堂式"理论教育，却轻视包括法治实践在内的真正的实践教育。因此，法治实践的公民意识教育价值研究，既是我国新时期、新阶段法治价值研究的一个新问题，也是依法治国背景下公民意识教育的一个新领域。

　　本研究以辩证唯物主义与历史唯物主义为指导，从社会存在决定社会意识的基本观点出发研究法治实践与公民意识教育的关系。研究认为，法治实践作为人们践行法治的活动与过程，既是践行作为社会意识产物的制定法、实然法即法律的过程，也是按照法治精神践行作为社会存在的自然法、应然法即法的过程。公民意识教育作为培养社会成员公民意识的活动，是实现人沿着臣民意识—以主体为主要内涵的公民意识—以平等为主要内涵的公民意识—以民主为主要内涵的公民意识逐步转变的一个不可逾越的过程。在二者的关系上，公民的法律属性，构成了认识法治实践与公民意识教育关系的基础，公民权利与国家权力的博弈、社会权力与国家权力的博弈以及国家权力间的相互博弈，提供了认识法治实践与公民意识教育关系的内在逻辑。当代中国，随着依法治国方略的逐步推进，与现代传媒紧密结合的法治实践，正逐步成为公民意识教育的有效途径，而公民意识教育不但深深蕴涵于民主与法治、秩序与自由、平等与身份、公平与正义等法的诸价值之中，而且作为法的人的全面发展价值的重要组成部分，正日益成为法治实践的附加价值和终极目标。这一观点不但符合从实践到认识的基本规律，而且已经和正在为世界范围内法治发达国家以及我国 30 余年的法治实践所证明。

法治实践的公民意识教育价值的实现，需要在不断发展的法治实践过程中，有意识地建构"公权引导、公民参与和媒体传导联动"的实现模式，并进一步很好地运用于我国的法制定、法实施和法治宣传之中。当前，中国特色社会主义法律体系已经形成，进一步充实人权立法、推进民主立法、拓展公开立法，应当成为科学立法实践践行公民意识教育的重要工作；进一步推进执政党带头守法，尤其是依法执政、国家机关及其公务员模范守法，以及公民自觉守法特别是自觉用法，应当成为全民守法实践践行公民意识教育的重要工作；全面推进依法行政、切实贯彻教育与执法相结合原则，应当成为严格执法实践践行公民意识教育的重要工作；进一步推进公正司法、全面拓展司法公开，应当成为公正司法实践践行公民意识教育的重要工作；以国家监督为基础，大力推进社会监督尤其是公民法治监督，应当成为法治监督践行公民意识教育的重要工作；全面强化权力机关的公民意识教育组织领导体制，高度重视公共法治事件在公民意识教育方面的独特作用，逐步构建"法治宣传与法制定、法实施有效联动"的公民意识教育机制，实现法治宣传教育从守法教育到公民意识教育的转变，应当成为法治宣传践行公民意识教育的中心工作。

李升元

2015 年 3 月

目　录

引　言

一、研究现状

随着依法治国方略在我国的确立和法治建设进程的逐步深入，法治与公民意识的关系，近年来开始受到法学理论研究者的关注。法治与公民意识教育的关系，是法学理论与思想教育的一个交叉问题。从总体上讲，当前诸多研究法治与公民意识关系的著作、论文，受市民社会理论的影响，对公民意识之于法治建设的内驱作用研究颇多，但对法治建设之于公民意识的教育作用涉猎甚少。对法治发达国家长达 300 余年法治实践的已有研究，大都专注于公民意识对法治建设作用的探讨，对其法治进程中每一次大的法治进步之于公民意识教育乃至市民社会形成的巨大推进作用，明显缺少深入的梳理。反映在国内研究方面，尽管我国改革开放 30 多年来的社会主义法治实践，无论是在法律人才等公民教育人才的储备，还是在公共法治事件等公民教育资源的积累方面，都取得了较大的发展，基于法治实践的公民意识教育事实上开展得也异常活跃，客观上早已成为新时期、新阶段加强公民意识教育的活教材。然而，现有研究成果恰恰缺少对这一伟大实践的应有关注，更不用说对蕴含其中的有关公民意识教育理论的规律性内容进行总结提炼并用于实践指导。正是从这一意义上讲，本书既是我国新时期、新阶段法治价值研究的一个新问题，也是依法治国背景下公民意识教育的一个新领域。

具体而言，从法治价值研究来看，已有研究主要集中于人权、秩序、自由、正义、利益等价值的抽象探讨，如（英）彼得·斯坦、约翰·香德的《西方社会的法律价值》（中国法制出版社 2004 年版）将秩序、公平（或正义）和个人自由归结为西方法律制度的三个基本价值，（美）博登海默的《法理学：法律哲学与法律方法》（中国政法大学 1999 年版）认为法的基本价值有秩序、正义、自由、平等、安全和社会福利，我国学者卓泽渊的《法的价值论》（法律出版社 2006 年版）认为法的价值目标主要有秩序、效益、文明、民主、法治、理性、权利、自由、平等、人权、正义、人的全面发展，国内最流行的张文显主编的《法理学》（高等教育出版社 2003 年版）教科书则将法的价值概括为"实行和实现对利益的调整、对人权的保护、对秩序的维护、对自由的保障、对正义的促成、对效率的促进等"。少数研究论及法的教育功能，大都坚持教育只是法的规范作用的一种体现，且主要局限于守法教育一隅，如（日）川岛武宜的《现代化与法》（中国政法大学 1994 年版），丁以升、李清春的《公民为什么遵守法律——评析西方学者关于公民守法理由的理论》（《法学评论》2004 年第 1 期）等。个别成果提及"现代法律的精神——法律的全部目的在于教育而不是惩戒"，但对法的这种教育精神的研究并未深入展开，如沈敏荣的《市民社会与法律精神——人的品格与制度变迁》（法律出版社 2008 年版）。近年来，学界开始注意到历经 30 年的市场化改革与异常活跃的社会主义法治实践，今日中国以主体平等为核心的公民意识正逐步开始成为全体公民的政治向往［许章润的《论国民的法治愿景——关于晚近三十年中国民众法律心理的一个描述性观察》，载《清华大学学报》（哲学社会科学版）2011 年第 3 期］，这种公民身份认同本质上源于不断的实践而不是相反（郑永流的《法是一种实践智慧》，法律出版社 2010 年版）；也逐步认识到公民意识是法治进程的内驱力和法治的社会根基、公民意识教育是一项建设社会主义法治国家的主体工程和基础工程，如马长山的《公民意识：中国法治进程的内驱力》（载《法学研究》1996 年第 6 期）、《国家、市民社会与法治》（商务印书馆 2002 年版）、《法治的社会根基》（中国社会科学出版社 2003 年版），李林的《公民意识教育是法治文化教育》（载《法制日报》2007 年 11 月 20 日）、《培养公民意识　培育法治文化》（载《人民日报》2007 年 12 月 5 日）等，但囿于对教育的狭义理解，除个别成果提及变普法教育为公民意识教育的诉求外，多数研究始终未能将业已开展的社会主义法治实践与亟待加强的公民意识教育有机联系，以致在二者的关系上，只看到公民意识是法治的社会根基，公民意识教育是建设社会主义法治国家的基础工程，而对法治之于公民意识的教育作用鲜有论及。

从公民意识教育研究看，20 世纪初的西学东渐浪潮和新文化运动，标志着现代意义上的公民启蒙教育在近代中国的兴起。而新中国对公民意识教育的真正关注恰恰肇始于改革开放之后。从成果数量看，在论文方面，根据中国期刊网，从 1979 年到 2012 年 3 月，以"公民意识教育"为题名能够直接检索到的论文 284 篇；以"公民教育"为题名能够直接检索到的论文 1499 篇；以"公民意识"为题名能够直接检索到的论文 1271 篇，其中博士论文 3 篇，分别是陈永森的《告别臣民的尝试——清末民初的公民意识与公民行为》（南开大学历史系，2003 年）、朱彩霞的《当代中国公民意识问题研究——从自由主义与社群主义的争论谈起》（山东大学政治学与公共管理学院，2010 年）、曲丽涛的《当代中国公民意识发育问题研究》（山东大学政治学与公共管理学院，2011 年）。著作方面，根据笔者目前的初步统计，尚未见到直接以"公民意识教育"为题名的著作，但以"公民教育"、"公民意识"为题名的著作较多，其中国内著作，粗略统计至少不少于 20 部，如蓝维等学者的《公民教育：理论、历史与实践探索》（人民出版社 2007 年版），赵晖的《社会转型与公民教育——中国公民教育目标与内容体系的建构》（人民教育出版社 2007 年版），王啸的《全球化时代的中国公民教育》（福建教育出版社 2006 年版），朱晓宏的《公民教育》（教育科学出版社 2003 年版），陈光辉、詹栋梁的《各国公民教育》（台湾水牛图书出版事业有限公司 1999 年版），秦树理等学者的《公民意识读本》（郑州大学出版社 2009 年版），沈明明等的《中国公民意识调查数据报告（2008）》（社会科学文献出版社 2009 年版），马长山的《国家、市民社会与法治》（商务印书馆 2002 年版），何传启的《第二次现代化的行动议程——公民意识现代化》（中国经济出版社 2000 年版），李龙所著的《公民意识概论》（武汉大学出版社 1991 年版），黄稻编著的《社会主义公民意识》（辽宁大学出版社 1987 年版），萧扬基的《形塑现代公民——高中学生公民意识发展与培育之研究》（韦伯文化国际出版有限公司 2004 年版），王家英的《回归后的香港青少年公民意识》（香港中文大学出版社 1998 年版），《后过渡期香港青少年公民意识》（香港中文大学出版社 1996 年版），《香港人的公民意识与民族认同：后过渡期香港人的经验》（香港中文大学出版社 1999 年版）等。国外部分，就笔者目前的视域，从亚里士多德到洛克、霍布斯，政治科学家们从不同视角研究过公民理论，如（古希腊）亚里士多德的《政治学》、（英）霍布斯（Thomas Hobbes）的《论公民》、（英）马歇尔的《公民权与社会阶级》、（美）托马斯·雅诺斯基（Janoski. T.）的《公民与文明社会》、（加）菲利普·汉森（Phillip Hansen）的《汉娜·阿伦特：历史、政治与公民身份》、（美）菲利克斯·格罗斯的《公民与国家：民族、部族和族属身份》、（美）迈克尔·沃尔泽的《正义诸领域：为多元主义与平等一辩》、马克思的《论犹太人问题》等著作，都不同程度地论及公民、公民身份、公民教育等问题。纵览上述成果，政治学视野的成果数量最多，内容最丰富，对"思想政治教育作为公民意识培养的基本途径"进行广泛探讨的同时，也不约而同地论及民主实践，如胡穗的《全球化背景下我国公民意识教育的紧迫性和途径》（载《科学社会主义》2004 年第 6 期）等。社会学视野的成果立足于公民社会的形成也非常重视社会实践的公民意识教育作用，如杨宜音的《当代中国人公民意识的测量初探》（载《社会学研究》2008

年第 2 期）等。法学视野的成果，改革开放初期大都侧重于对公民意识的历史考察和价值分析，少数提及公民意识教育的研究，也只是从社会主义精神文明建设的角度，倡导通过思想政治教育来加强公民意识的培养，对公民意识教育与法治关系的研究甚少，如程辑雍的《公民意识的历史考察和基本内涵》（载《上海社会科学院学术季刊》1987 年第 2 期）、黄稻主编的《社会主义公民意识》、李龙主编的《公民意识概论》等。20 世纪 90 年代中期开始，伴随着依法治国方略的提出，公民意识研究开始将公民意识与法治相联系，认识到公民意识之于社会主义法治建设的推进作用，亦即公民意识本身所蕴含的法治价值，关涉公民意识教育为数不多的研究，大都止步于政治学视野下思想政治教育和学校法学教育，个别只在法治宣传教育领域提出以公民意识教育为最终目的追求的变革诉求，如江国华的《宪法与公民教育——公民教育与中国宪政的未来》（武汉大学出版社 2010 年版）、姚建宗的《当代中国的社会法治教育反思》（载《大庆师范学院学报》2011 年第 4 期）等。值得注意的是，我国改革开放 30 多年来的社会主义法治实践，基于法治实践的公民意识教育事实上开展的异常活跃，客观上早已成为新时期加强公民意识教育的一本活教材。因此，从总体上讲，法治实践的公民意识教育价值问题，是一个既具多学科理论支撑又有一定实践经验铺垫的可资研究的课题。本书就是要在总结改革开放 30 多年来法治实践在公民意识教育方面有益经验的基础上，对法治实践之于公民意识教育的意义进行深入探讨，以更好地推进中国特色的公民社会和法治国家建设。

二、问题缘起

选题缘起于两个相互关联的问题：考察我国成年人的公民意识，总体而言，臣民意识尚未彻底消除，公民意识虽得到一定发展但内涵仍不丰富，在一定程度上呈现出公民意识知、情、意三者间的背离；在公民意识培养方面，一直以来相对重视"课堂式"理论教育，而轻视真正的包括法治实践在内的实践教育。上述问题可从如下调查和实践中得以管窥与印证。

（一）当代中国的公民意识状况

北京大学国情研究中心 2008 年调查并发布的中国公民意识调查数据，可以在一定程度上对当代中国成年人的公民意识状况进行量化。该调查采用 GIS/GPS 辅助的区域抽样方法，按照分层、多阶段、概率与规模成比例的方式抽取具有代表性的全国概率样本。样本覆盖全国 31 个省区市（港、澳、台地区除外），实际抽样的符合调查资格的地址总数为 5461 个（包括云南和贵州各有一个县因受汶川地震影响而未能进入现场的 45 个样本）。最终样本分布在全国范围内 73~75 个县级单位，经过加权处理，最终样本能够代表年龄在 18~70 岁的全国人口。实地调查在 2008 年 4 月至 2008 年 6 月进行，所有访问在北京大学中国国情研究中心督导员的监督下，由接受过严格培训的、有经验的、以全国范围内高等院校学生为主的采访员团队完成。采访员采用入户面对面访问的方式，利用调查问卷采集个体层面有代表性的数据。实地采访共完成有效样本 4000 份，有效完成率为 73%。① 因此，该调查数据具有广泛代表性，可信度很高。在问卷设计上，问卷内容力图考察在经历了 100 多年政治现代化追求和 30 年改革开放之后，中国公众在民主、自由、人权、法治和社会和谐等公民意识核心价值观念等方面的发展情况，了解人们对改革开放的态度、对公共服务的评价、对公民权利义务的认知，描绘公众对中国民主建设的认知和态度以及对中国未来政治经济发展的信心。其中有关对民主、人权、政治效能感、权威意识等公民意识核心价值观念的认知、受访人的政治参与行为

---

① 本部分数据全部来源于北京大学国情研究中心的本次公民意识状况调查。参见沈明明：《中国公民意识调查数据报告（2008）》，社会科学文献出版社 2009 年版，第 139、144~147、167、206、286、176~177、124~125、136、285 页。

等的调查集中反映了受访人知、情、意一脉相承的公民意识状况。与本书所坚持的公民意识之内涵即公民性也基本吻合。

一是对民主的理解。为了考察受访人对民主的理解，问卷设置了一个开放性问题，即大家都在谈论民主，在您看来，"民主"究竟指的是什么？在4004位受访人中，1714位受访人回答"不知道"，711位受访人未作答，占受访总人数的60.6%；具体作答的有1579人，占受访总人数的39.4%。在具体作答的1579人中，认为民主就是"有权利"、"自由"、"平等、公正"的人数占到作答人数的80.6%，部分说明大部分具体作答人对"民主"究竟是什么还是有一个较为清晰的认识，但置于4004位全体受访人中，比重仅为31.8%，可见大部分受访人对"民主"究竟是什么并没有清晰的认识。

为了对受访人的民主价值观进行更加细致的考量，问卷进一步对受访人对民主的作用、重要性及其体现方式的认识进行了调查。关于民主的作用，调查组提出了两种说法供受访人选择："民主能够解决我们社会中的问题"和"民主不能解决我们社会中的问题"？在2510个有效回答人数中，尽管有73.5%的受访人（1845位受访人）认为"民主能够解决我们社会中的问题"，但也有26.5%的受访人（665位受访人）认为"民主不能解决我们社会中的问题"，加上还有37.3%的受访人（1494位受访人）不知道或者未作答，可见高达53.9%的受访人对民主作用的认识尚处于起步阶段。关于民主的重要性，调查请受访人在"经济发展重要"还是"民主重要"之间进行选择，在4004位受访人中，705位受访人回答"不知道"，29位受访人未作答，占受访人总数的18.3%；在作出回答的3270位受访人中，高达59.4%的受访人认为"经济发展重要"，21.3%的受访人认为两个同样重要，仅有19.3%的受访人认为"民主重要"。可见，大部分受访人或者对民主的作用根本没有明确认知或认知不深。

关于民主的体现方式，调查列举了四项民主的体现方式，即"国家的领导人能够关注民生"、"国家领导人由人民直接选出"、

"人们都有丰厚的收入"、"人们都自由地追求他们的理想"，请受访人从中选出最能体现民主的一项方式。在 4004 位受访人中，高达 1103 位受访人回答"不知道"，50 位受访人未作答，占受访人总数的 28.8%。在有效回答人数中，选择"国家的领导人能够关注民生"的受访人比例最高，占有效回答人数的 39.0%；选择"人们都自由地追求他们的理想"的受访人的比例最低，占 15.0%。① 当然，有 23.4% 的受访人（667 位受访人）选择"人们都有丰厚的收入"，加上还有 28.8% 的受访人（1153 位受访人）不知道或者未作答，可见高达 45.5% 的受访人对民主体现方式的认识尚比较模糊。

二是对权利的理解。为了考察受访人对我国宪法中规定的公民基本权利的了解，问卷设计了一个开放性问题，即要求受访人说出两条我国宪法规定的公民权利，统计结果显示，仅有 18.4% 的受访人能够说出两条公民权利，13.0% 的受访人能说出一条公民权利，高达 68.6% 的受访人完全不知道我国宪法中规定的公民权利情况，表明绝大部分受访人对公民权利的了解甚少。为了进一步考察受访人对各种权利重要性的认识，问卷让受访人从生存权、参政议政权、言论自由、表达自由、宗教自由、选举权、结社权、个人隐私权、劳动权九项公民权利中，挑选出自己觉得最重要的三项权利并排序。调查组最后按照提及率②进行排序，结果如表 1 和图 1、图 2、图 3 所示。

---

① 这一对民主体现方式的认识反映了我国公众对民主有着自己的独特理解，与西方国家所鼓吹的民主理念明显存在不同。这也是我国开展公民意识教育需要特别注意的地方。

② 在该问题中受访人有三次选择的机会，将受访人有效回答的总次数作为分母，将每一种权利的提及总数作为分子，由此得到每一项权利的总的提及率，即总的提及率＝在回答第一重要时提及次数/有效回答总次数+在回答第二重要时提及的次数/有效回答总次数+在回答第三重要时提及的次数/有效回答总次数。

表1　受访人对各种公民权利重要性的认识

问　　题	第一重要	第二重要	第三重要	总提及率
生存权（％）	56. 18	15. 68	7. 51	26. 63
劳动权（％）	15. 31	24. 98	19. 30	19. 85
个人隐私权（％）	4. 67	12. 63	22. 41	13. 17
选举权（％）	7. 57	16. 31	15. 42	13. 07
言论自由（％）	5. 55	16. 16	14. 96	12. 19
表达自由（％）	1. 87	6. 80	11. 61	6. 73
参政议政权（％）	7. 31	4. 22	4. 89	5. 48
宗教自由（％）	1. 45	2. 53	2. 62	2. 20
结社权（％）	0. 09	0. 69	1. 19	0. 65
有效回答人数	3451	3483	3436	100

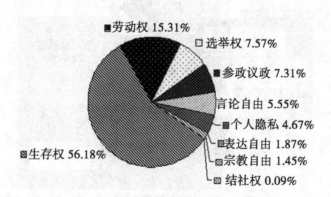

图1　受访人认为第一重要的权利

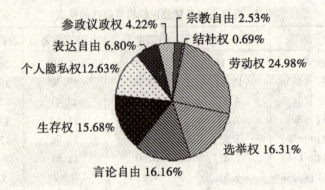

图2　受访人认为第二重要的权利

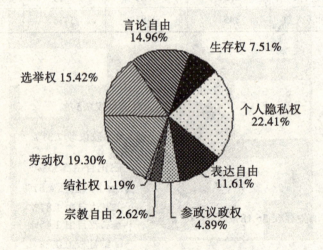

图3　受访人认为第三重要的权利

　　表1和图1、图2、图3显示了受访人对权利重要性的排序与
选择，生存权被视为最重要的公民权利，其次是经济生活方面的权
利，即劳动权，接下来才是最能体现公民意识高低的个人隐私权和
选举权、言论自由、表达自由、参政议政权、结社权的政治权利，
而表达自由、参政议政权、结社权的政治权利极低的总提及率，显

示受访人的公民意识在权利认知方面的明显缺失。

三是受访人的政治效能感。政治效能感通常是指一个人认为他自己的参与行为影响政治体系与政府决策的能力的高低，它是政治文化的重要组成部分，是衡量公民政治参与意识的关键指标。问卷设计了表2这组问题进行测量，调查结果见表2。

表2　受访人的政治效能感

问　题	非常同意（%）	比较同意（%）	中立（%）	不太同意（%）	非常不同意（%）	有效回答人数
像我这样的人，无权评价政府行为	10.9	30.2	5.9	38.4	14.6	3618
政府官员不太在乎像我这样的人有何想法	14.9	41.5	7.9	28.5	7.1	3500
我觉得我对中国面临的重大政治问题很了解	5.3	24.0	8.8	47.8	14.2	3511
我觉得我比一般人知道更多的政治的情况	3.8	21.3	9.8	49.1	16.0	3536
我认为我完全有能力参与政治	5.2	16.7	8.8	47.0	22.2	3539
我也可以胜任领导工作	5.9	19.7	9.5	44.1	20.7	3547
政治太复杂，不是像我这样的人可以理解的	16.0	39.5	9.2	28.8	6.5	3507

为了很好地观察受访人政治效能感的综合水平，调查组将上述测量指标相加计算总分，在最低分-14分与最高分14分的分值范围内依次显示政治效能感由弱到强，具体见表3。从得分分布看，受访人目前的政治效能感明显比较弱。

表3 政治效能感得分的分布

-14分	-13分	-12分	-11分	-10分	-9分	-8分	-7分	-6分	-5分
0.3%	0.1%	0.2%	0.4%	0.9%	1.2%	2.0%	4.4%	3.9%	8.3%
-4分	-3分	-2分	-1分	0分	1分	2分	3分	4分	5分
6.6%	11.7%	9.2%	12.7%	12.1%	8.0%	4.6%	3.9%	2.4%	2.1%
6分	7分	8分	9分	10分	11分	12分	13分	14分	
1.2%	1.7%	0.6%	0.4%	0.4%	0.2%	0.1%	0.1%	0.2%	

　　四是对政府权威的认可程度和对政治话题和国家大事的感兴趣程度。在问卷中，调查组列举了三组不同的政府行为，通过询问受访人对这些政府行为的倾向性选择，来获取其对政府权威的不同看法。一是询问受访人是倾向于"更主动地质询政府的措施"，还是认为"应该对政府权威给予更多的尊重"，数据统计结果显示，在接受调查的4004位受访人中，高达1122位受访人对该问题未予明确回答，占总人数的28%。在明确回答的2882位受访人中，24.0%的受访人非常同意主动质询，35.6%的受访人比较同意主动质询，而7.4%的受访人非常同意更多尊重，33.0%的受访人比较同意更多尊重，说明我国公民对待政府权威方面还有着很大的认识分歧。在近4000个有效回答人数中，仅有6.2%的人经常谈论政治话题和国家大事，17.4%和18.8%的受访人有时与别人谈论政治话题和国家大事，31.2%和31.8%的受访人偶尔与别人谈论政治话题和国家大事，从不与他人谈论政治话题和国家大事的分数比例分别高达45.1%和43.2%。表明受访人总体上对公共事务的关心程度不高。

　　此外，该调查数据有关受访人参加社团以及政治参与行为的情况也能从公民行为的角度反映受访人的公民意识真实状况，相关调查结果见表4、表5。

表4　受访人参加社团组织的情况

问　　题	工会 会员	商会/个协/私协/ 行业协会会员	职业协会/ 学会会员	体育或娱乐 团体成员	同乡会 成员
不是（%）	92.9	98.7	98.3	95.0	97.1
是（%）	4.9	1.0	1.1	2.7	1.9
曾经是（%）	2.2	0.3	0.6	2.3	1.0
有效回答人数	3906	3902	3904	3910	3897

表5　受访人的政治参与行为

问　　题	曾经做过（%）	从未做过（%）	有效回答人数
为一项社会活动组织募集或 者筹集资金	21.1	78.9	3807
参加与政治有关的各种会议	15.3	84.7	3861
向上级政府领导表达自己的 观点	14.1	85.9	3851
通过社会组织表达自己的 观点	5.9	94.1	3842
为某项特定理想或事业加入 组织或者团体	5.9	94.1	3799
在互联网有关政治主题的论 坛或者讨论组中发表自己的 观点	5.4	94.6	3781
在请愿书上签名	4.8	95.2	3789
通过媒体表达自己的观点	2.7	97.3	3844
游行/静坐/示威	1.6	98.4	3792

从表4可以看出，尽管改革开放以来，除了政党和工会外，各
种社团组织如雨后春笋层出不穷，如商会、行业协会、学会等，社

会团体的规模和范围越来越大，但整体来说，受访人参加社团组织的比例都比较低，从一个侧面说明我国公众对加入像社团这样的组织的积极性即意愿并不高。从表5可以明确看出，受访人实际参与政治活动普遍较少，在一定程度上说明我国公民意识在情感尤其是意志方面还很低。

总之，当代中国，尽管纯粹的臣民已经逐步退出历史舞台，但臣民意识仍然像幽灵一样在社会生活中游荡。由于封建等级思想的长期禁锢以及新中国成立后"文化大革命"的破坏和民主法治建设的滞后，我国在相当长的历史时期，正如社会学学者周孝正所言，"只有臣民意识，称为八民：草民、小民、刁民、暴民、愚民，后来逐渐演变为农民、市民、居民。中国似乎最缺的就是公民"。①改革开放初期，人们的公民意识普遍淡薄，期待"青天大老爷"为民作主、让"官"支配自己命运的臣民（亦可称顺民）思想依旧大量存在，其后随着市场化进程的加快和法治建设的深入，越来越多的"臣民"开始向着"公民"（或某些人眼中的"刁民"）逐渐转型，全社会正在经历着从臣民意识向公民意识的历史转变。以上对有关个人社会地位的自我评价，对民主、法制、自由、人权、公正意识、权威意识、国家认同感、受访人的政治参与行为等的实证调查，从静态意义上表明，我国成年人的公民意识确实得到了一定发展，但公民意识的内涵显然还不够丰富，某种意义上只是初步具备了基本的公民知识与部分公民情感，真正体现公民意识核心思想的公民意志明显偏低，公民意识在一定程度上呈现出一种知、情、意间的相互背离。

（二）我国公民意识的培养

一般而言，当现代民族国家出现之后，公民身份因国籍的获得而自然生成，然而，作为一种对公民身份、公民地位的理性认知的

---

① 周孝正：《从臣民意识到公民意识》，载百度文库，http://wenku.baidu.com/view/064440c7aa00b52acfc7ca89.html，2011-10-15。

公民意识却并不能够因此而自然生成。"放远历史的视野，则此种国民心智和公民性并非只是晚近 30 年间涵育的结果，实为近代中国 170 年来社会文化转型的产物，凝聚了最晚启自戊戌变法，历经清末变法修律、民国政体和人民共和诸段时空前赴后继地现代性努力，而于最近 20 来年间修成正果，浮出水面。"① 19 世纪末 20 世纪初，以孙中山、李大钊、毛泽东等为代表的一大批仁人志士开风气之先，率先从传统的臣民观念中觉醒过来，掀起了近代中国公民（当时多称"国民"）意识培养的第一次高潮。辛亥革命、五四运动、新民主主义革命等革命性变革成为公民意识培养的主要形式。新中国成立后，一度受"左"的思想的影响，政治教育在相当长时期内取代公民教育，不但在学校教育层面取消了旧中国学校教育中业已存在的公民课程，而且在社会实践领域也大搞群众政治运动，以政治意义上的人民概念代替法律意义上的公民概念。改革开放以后，公民意识培养再度受到重视。1982 年，彭真同志在《关于中华人民共和国宪法修改草案的报告》中明确指出："按照社会主义、集体主义原则来处理公民个人同国家和社会的关系、同其他公民的关系，建立同社会主义政治制度相适应的权利义务观念和组织纪律观念，养成社会主义的公民意识，正是在全社会建设社会主义精神文明的重要内容。"1986 年党的十二届六中全会发布的《关于社会主义精神文明建设指导方针的决议》指出："加强社会主义民主和法制的建设，根本问题是教育人……要在全体人民中坚持不懈地普及法律常识，增强社会主义的公民意识，使人们懂得公民的基本权利和义务，懂得与自己工作和生活直接有关的法律和纪律，养成守法遵纪的良好习惯。"与上述报告和决议的要求相呼应，公民意识教育再度受到学校教育的青睐。1985 年，中央颁布了《关

---

① 许章润：《论国民的法治愿景——关于晚近三十年中国民众法律心理的一个描述性观察》，载《清华大学学报（哲学社会科学版）》2011 年第 26 期。

于改革学校思想品德和政治理论课程教学的通知》。从 1986 年开始，国家教委通过修订《中学思想政治课改革实验大纲》首次在初中开设了"公民"课程，开始向中学生系统传授一些最基本的公民知识。1995 年，国家教委颁布《中学德育大纲》，明确规定"中学德育工作的基本任务是把全体学生培养成为热爱社会主义祖国的具有社会公德、文明行为习惯的遵纪守法的公民"。目前，在小学，开设有《品德与生活》、《品德与社会》课程，初中开始教授法律内容，如初一下学期第四单元的"做知法守法用法的人"，但不再开设专门的公民课程，大学开设有《思想道德修养与法律基础》等。思想政治教育课成为学校公民意识教育的主渠道，思想政治教育课课堂成为学生获得公民意识教育的主阵地，"思想政治教育是公民意识培养的基本途径"① 的地位由此得以确立。此外，同期开展的法制宣传教育，在普及法律知识的同时也开始适当注意公民意识培养。从"一五"到"二五"普法，逐步实现了由着重普及以宪法为核心的法律知识向学用结合的依法治理转变，从而在普法层面开启了寓公民意识培养于法制宣传教育的先河。但立法机关、执法机关、司法机关等各级国家机关的法治实践，在"有法可依、有法必依、执法必严、违法必究"的方针指导下，各司其职、各负其责，基本不越雷池半步。直至 20 世纪 90 年代中期，随着依法治国方略的提出，公民意识开始与法治相联系，公民意识培养与社会主义法治实践接轨的机会之门逐步开启。1996 年八届人大四次会议《关于国民经济和社会发展"九五"计划和 2010 年远景目标纲要的报告》指出："继续实施普法规划，教育全体公民学法用法，增强法制观念和公民意识。"普法规划从"三五"普法开始，逐步确立"法制教育与法治实践相结合"的指导思想，其中"三五"普法与"四五"普法，分别规定"法制宣传

---

① 臧宏：《公民意识的蕴涵及思想政治教育策略》，载《教育评论》2009 年第 1 期。

教育与法制实践相结合"、"法制教育与法制实践相结合","五五"普法首次明确规定"法制教育与法治实践相结合"。公民意识教育寓于法治实践在普法层面得以确立。这一时期立法机关、执法机关、司法机关等各级国家机关的法治实践,基于法治国家建设的需要,也逐步由封闭走向公开,由精英治理走向公民参与。开门立法、程序行政、司法公开、公众监督等逐步成为法治实践领域的时髦话题。

尽管我国公民意识培养取得了很大的成绩,但总体上讲,相对重视说教式理论教育,而轻视真正的包括法治实践在内的实践教育,依旧是我国成年人公民意识教育现状的真实写照。① 学校公民意识教育,主要是针对未成年人而言的,其只能说是为进一步开展成年人公民意识教育奠定了良好基础,绝不能说是完成了"人成其为公民"的历史使命。法制宣传教育,由于天然的普法功能,也不可能完全承担公民意识培养的重任。至于其他针对成年人公民意识培养开展的单位教育、社区教育以及继续教育等社会教育总体上依旧体现为以说教式为主的理论教育和并不系统深入的零星实践,加之真正创造条件鼓励成年人身体力行地参与其中的很少,因而取得的效果也明显不甚理想。前述公民的政治参与行为情况、公民参与社团的情况等调查结果就是一个明显的例证。因此,在学校公民意识教育的基础上,实现成年人公民意识教育由说教式理论教育向真正的实践教育转变,在我国仍是一个亟待解决的理论与现实问题。本书就是意在立足总结 30 年社会主义法治建设的重要历史

① 需要指出的是,在教育语境下,成年人的公民意识教育,主要指的是社会教育层面的公民意识教育,与未成年人公民意识教育所讲的学校公民教育存在显著不同。这种不同主要体现在,成年人的公民意识教育主要通过政治实践等社会教育的形式实现,说教式理论教育只是补充,其实现程度只能根据一系列复杂的评价指标体系在实证调查的基础上予以体现;而未成年人的公民意识教育主要通过课堂教学等学校教育的形式实现,课外实践只是补充,其实现程度可以通过考试予以体现。

契机，探究法治实践为什么具有公民意识教育价值及其如何实现的问题。

三、学术价值及应用价值

"加强公民意识教育，是顺利推进民主政治建设的基础性工作。如何教育、引导社会成员成为合格的公民，是重大的理论问题，也是民主政治建设和思想政治教育的现实任务。"[①] 从总体上讲，本研究的学术价值在于，一方面在深入挖掘我国法治国家建设过程中法治实践所蕴含的公民意识教育价值的基础上，进一步充实法的价值理论；另一方面为拓展依法治国背景下我国公民意识教育的新途径、新领域提供理论指导。应用价值在于，着眼于我国当前社会管理面临的新情况、新问题，尤其是破解来自社会舆论的公民意识教育"倒逼"机制，为全面创新法治宣传教育，将公民意识教育纳入社会主义法治实践这一体制化轨道提供具体对策。

具体来说，首先为有序推进社会主义政治文明建设提供理论指导与实践经验。公民意识作为现代化进程中的产物，无疑是中国政治现代化的驱动力。公民参与作为政治文明的标志，早已为国内外实践所证明。在我国，公民如何有序参与国家管理、社会管理还是一个有待探索的新问题。本书立足于社会主义法治实践，首先，强调的就是法治基础上的"有序"，因此，相关的研究成果或许对推进中国特色社会主义民主政治建设具有一定的现实意义。其次，为大力推进社会主义法治建设提供理论指导与实践经验。法治的功能，不仅仅在于实现某种社会秩序，还具有公民意识教育的价值。本书表面看是在研究法治实践的教育功能，但深层次上讲是在通过研究法治实践的价值探究法治建设的源动力，即人的问题，进而实现法治的秩序价值与教育价值的良性互动。因此，相关的研究成果

---

① 秦树理、王东虓、陈垠亭主编：《公民意识读本》，郑州大学出版社2008年版，第3~4页。

对更好地贯彻依法治国方略、从根本上推进社会主义法治建设应该具有一定的参考价值。最后，为探索构建社会主义和谐社会、公民社会提供理论指导与实践经验。公民意识作为现代化进程中的产物，是社会主义和谐社会构建的关键。和谐社会、公民社会说到底讲的都是人的问题。本书研究的就是"公民"这一特殊意义的人。因此，相关的研究成果必将对当前的社会主义和谐社会和公民社会的构建具有一定的理论参考和实证支持。从应用的角度看，研究的最终成果将为权力机关、行政机关、司法机关充实其立法、执法、司法和法治监督实践的价值内涵，尤其是司法行政机关深入推进普法教育，提供现实可行且富有成效的理论参考与实践对策。

四、文献综述

首先是公民身份的研究。尽管公民身份研究的起源可以追溯到2000多年前的古希腊先哲那里，但真正明确提出公民身份概念并有意识地对它加以研究，则肇始于英国著名社会学家 T. H. 马歇尔。在古希腊先哲那里，苏格拉底、柏拉图、亚里士多德、西塞罗以及希腊和罗马的所有其他哲学家，都不同程度地论及公民科学（civil science）。霍布斯（Thomas Hobbes）的《论公民》，集中阐明人的各种义务——首先是作为人、其次是作为公民（citizen）、最后是作为基督徒的义务。以法国社会学学者迪尔凯姆为代表的迪尔凯姆学派创立了有关公民文化的理论，认为在公共领域还存在公民道德问题，其集中表现为文明社会中的非营利群体和私人群体的志愿活动。[①] "这一理论存在发挥过头的危险，左翼的和右翼的、宗教的和世俗的、从事理论研究和实际工作的人，都可以就公民道德高谈阔论，使之扩展成一门社会理论或文化，进而形成对个人主义的无情批判。这样极有可能在很大程度上直接助长在公民权利与

---

① ［美］托马斯·雅诺斯基：《公民与文明社会》，柯雄译，辽宁教育出版社 2000 年版，第 9 页。

义务问题上概念和理论的混乱。托马斯·H.马歇尔于1949年提出了公民权利与义务的理论，最先对公民身份做了精心说明，开启了公民身份理论化的先河，后被多数学者称为关于公民权利与义务的第一个社会学理论，即马歇尔公民理论"。① 托马斯·雅诺斯基（Janoski.T.）的《公民与文明社会》，主要从政治社会学上探讨公民彼此之间以及公民与国家之间的关系，对公民道德、公民权利和义务进行了合理区分，纪实性地描述了公民概念的分歧与福利国家不同构成之间的强大联系。作者认为，公民理论以公民身份为核心，公民既可以作为公民理论的独立变数加以阐释，也可以作为独立变数解释其他的现象。这一理论认识填补了自1964年马歇尔将公民身份理论化的部分空白。马克思主义介乎于马歇尔的以国家为核心的公民理论和迪尔凯姆学派以社会为核心的公民道德理论二者之间，创立了与公民身份有关的改造文明社会的理论。现代马克思主义理论家对其理论进一步发挥，使之成为保护公民既防范国家滥用权力也防范市场贪婪的理论，其核心是复杂的民主、社会运动以及哈贝马斯等人试图改善民主沟通的努力。我国学者谈及公民理论，多数是以马克思主义关于改造文明社会的理论为基础的。馨元博士的《公民概念在我国的发展》、《公民概念之演变》，吴威威博士的《公民及相关概念辨析》，王广辉教授的《公民概念的内涵及其意义》，周国文博士的《公民概念的历史维度及审视》等一系列研究公民概念的论文，在系统考察公民概念起源的基础上，从不同角度对公民概念在我国的应用进行了分析。普遍认为，公民概念在一个国家发展的特殊历史影响着公民意识的培养以及公民社会的建立；我国宪法规定的凡具有一国国籍的人即为公民，只是表明了公民概念的形式要素，我国从"公民"的缺失，到公民概念的确立和普遍使用，公民概念几乎伴随着中国追求法治的每一步进程。在

---

① ［美］托马斯·雅诺斯基：《公民与文明社会》，柯雄译，辽宁教育出版社2000年版，第292页。

国人孜孜以求的法治建设中，公民实质上是指具有国家国籍并有权
参与国家公共权力行使与监督的人。

其次是公民意识的研究。从国外文献看，绝少有公民意识的提
法，甚至连其英文译名是什么都无从求证。法国启蒙学者是公民意
识的开拓者，但对其理论界定各不相同。卢梭把"公意"或"公
民意志"作为公民意识；现代西方许多学者将"公民社会"理论
称为公民意识，当代美国政治学家阿尔蒙德和维伯将公民意识看作
是反映公民生活的"公民文化"，并把这种文化理解为公民的一种
心理倾向和心理活动模式。① 甄别比较，学者在论及公民概念之主
体性意涵时往往将主体性与"意识"相提并论，认为"现代哲学
中所讲的主体性，即'意识的内在性'。迄今为止的研究表明，在
所有的政治构成要素中，只有公民这个概念具有'意识的内在
性'；这种'意识的内在性'构成了公民之所以称其为公民的决定
性因素——人要成其为公民，除需满足一定的外在形式和规范性要
件之外，还需满足特定的'意识的内在性'，其中的核心问题就是
其对于政治生活及其本身在政治生活中主体地位的正确把握"。②
此外，部分文献有关公民身份的认知、公民信仰与国内文献探究的
公民意识似曾相识。诸如美国学者迈克尔·沃尔泽的《正义诸领
域：为多元主义与平等一辩》等论著，秉持早期近代学者对古罗
马帝国晚期共和主义的解释，以"公民意识形态"为出发点，说
明公民应是政治群体的一员，既有权利又有责任；美国学者罗伯
特·N. 贝拉等著的《心灵的习性：美国人生活中的个人主义和公
共责任》，也论述了"公民信仰"的意识形态和道德规范的内容。
我国对公民意识的研究，受意识形态的影响，早期多使用社会主义

---

① 纪政文：《当代中国社会主义公民意识探析》，载《东岳论丛》2009
年第 3 期。

② Halstead. Citizenship and Moral Education：Values in Action ［M］. Lon-
don；New York：Routledge，2006. 9–10.

公民意识，如黄稻等主编的《社会主义公民意识》将书名就直接表述为社会主义公民意识。认为社会主义公民意识是一种现代文明意识，在社会主义制度下具有良好的人民民主属性。① 相关文献运用马克思主义的立场、观点和方法分析认为，公民意识与臣民意识相对应，主要体现为主体意识。但在剥削阶级占统治地位的国家中，由于阶级的对抗，没有也不会有统一的公民意识。刘泽华在《论从臣民意识向公民意识的转变》一文中指出，在王权的统治下，国人养成了"尽人皆仆"的政治心态，近代先进知识分子提出公民权利的天赋性，公民有立法权、平等权、不受人卑屈之权，义务必须建立在权利的基础之上，这些认识所用的概念和价值标准与传统的臣民观念截然不同。晚近的研究主要集中于公民意识的内容，普遍认为公民意识具有其自身的内在规定性，是具有内在逻辑联系的一组观念集合体和意识集合体。但由于切入角度不同，对于公民意识的内容构成，从三结构说到多层次论，不一而足。十七大报告提出"加强公民意识教育"后，公民意识再度受到学界关注。臧宏教授认为十七大报告的论述实际上从社会主义民主法治制度、自由平等权利、公平正义价值三个方面明确了当代中国公民意识的核心内涵②：从民主与法治制度的角度看，公民意识的核心内涵是主体意识。因为，民主是社会主义的本质，法治是实现民主的保障。民主法治就是社会主义民主得到充分发扬，依法治国基本方略得到切实落实，各方面积极因素得到充分调动。树立民主法治理念，必须要坚持党的领导、人民当家作主、依法治国有机统一。在坚持党的领导的前提下，真正确立人民当家作主的理念，确立公民的法治主体地位，依法维护公民的基本权利，牢固树立依法办事的

---

① 黄稻、刘海亮：《社会主义公民意识》，辽宁大学出版社 1987 年版，第 77 页。

② 臧宏：《公民意识的蕴涵及思想政治教育策略》，载《教育评论》2009 年第 1 期。

理念。从自由与平等权利的角度看，公民意识的基础是宪法意识。因为，自由与平等是公民依法享有的基本宪法权利。公民的自由主要包括人身自由、政治参与自由、意愿表达自由等权利，自由理念就是公民对这些权利的认识、理解。公民作为自由权利的主体，应当依法享有自由，也应当依法争取和维护自由权利；同时自由是有限度的，公民在行使自由权利的时候不得损害国家的、集体的利益和其他公民合法权益。平等要求公民在法律面前一律平等，具有平等的政治地位和社会地位，享有平等参与、平等发展的权利。平等理念是对权利和人格的满足感，包括对法律面前人人平等精神指导下的政治地位平等、机会平等、人格平等等权利的认识和理解。从公平与正义价值的角度看，公民意识是一种重要的现代社会意识。因为，公平正义是人类追求美好生活的永恒主题，也是社会发展进步的重要价值取向。在现实中，公平正义就是社会各方面的利益关系得到协调发展，人民内部矛盾和其他社会矛盾得到正确处理，社会公平和正义得到切实维护和实现。公平正义理念主要表现为政党无私、政府公正理念，公民共建有责、共享有权理念，机会均等、合理分配理念等。当前学界普遍认为，公民意识作为一种现代社会意识，是指社会成员对个人同国家、社会和其他公民相互间的关系，即对其公民身份、公民权利、公民义务等的理性认知。[①] 换言之，公民意识是指公民依据宪法规定的基本权利和义务，对自己在国家政治生活和社会生活中的主体地位、主人身份的认识，及其对相应的责、权、利的认知和价值取向。[②] 它体现在公民广泛参与政治、经济、文化和社会生活的诸多领域，蕴含着丰富而深刻的内涵。此外，为了很好地测量当代中国成年人的公民意识，社会学学

---

① 马瑞萍：《改革开放以来我国公民意识研究述评》，载《教学与研究》2008 年第 10 期。

② 王东虓：《公民意识教育层次性探析》，载《思想理论教育》2011 年第 2 期。

者杨宜音等人还提出了编制公民意识测量工具的理论框架。① 这个
分析框架从两个维度来分析中国人的公民性取向：一是倾向于关注
公共事物与利益的程度；二是以契约权利方式处理公私矛盾的程
度。据此可以区分四种原型：（1）高公共性且高契约性取向，即
公民型。这一类人的特征是，在面对公私冲突、人我关系矛盾时能
够为公共利益牺牲个人利益，并以契约精神和方式处理这些
关系。他们的权利与义务是平衡的，作为个人，相互间强调平等。
（2）高公共性且低契约性取向，即臣民型。这一类人的特征是，
在公与官合一的文化中，面对公私冲突和人我关系时，因服从差序
权力而能够牺牲个人利益；作为个人，边界是不清晰的，自我是被
君王或国家包容的，权利和义务是不平衡的。（3）低公共性且高
契约性取向，即商人型。这一类人的特征是，在面对公私冲突、人
我关系矛盾时不能够为公共利益牺牲个人利益，但注重以契约精神
和方式处理这些关系；作为个人，边界是清晰的，强调个人权利胜
于强调个人对公共事务的义务。（4）低公共性且典型低契约性取
向，即熟人型。这一类人的特征是，在面对公私冲突、人我关系矛
盾时不能够为公共利益牺牲个人利益，也不能以契约精神和方式处
理这些关系；他们倾向将他人分为"自己人"或者"外人"，把各
种社会和国家的事务分为"分内"与"分外"两种，是一种特殊
主义的处理方式。作为个人，边界是不清晰的，完全不讲权利义
务；而是讲自己人之间的亲密、责任、信任。该课题组根据上述理
论构想设计了48题为编制公民性量表的测题，在北京市六个社区
进行了抽样调查，在对上述调查数据从信度、结构效度、构念效度
和效标关联效度等项指标具体分析后可以得出，该研究编制的
"公民意识量表"能够较好地从"契约—人情"和"公共—私人利
益"两种价值取向对中国人进行测量。换言之，这一建立在中国

---

① 杨宜音：《当代中国人公民意识的测量初探》，载《社会学研究》
2008 年第 2 期。

特定文化/历史/社会的框架基础上的公民意识测量工具，对于测量当前中国人的公民意识具有良好的测量效度，既能测量出公民意识的水平，也能测量出公民意识与传统中国文化中其他主要社会身份意识的关联。这一建立在中国特定文化/历史/社会的框架基础上的公民意识测量工具很值得借鉴。沈明明等人还开展了当代中国公民意识调查并形成了大量非常有价值的数据资料和分析报告。

至于公民意识教育，学者认识到，"作为'塑人而为公民'的工程，公民教育的内容显然是综合而广涵的，但其中的公民主体性的培育、公民伦理的熏陶以及公民能力的训练等对于这种内容广涵而综合的公民教育而言无疑最具标志性意义"。[①] 从苏格拉底到柏拉图、亚里士多德、西塞罗再到洛克、伏尔泰、孟德斯鸠、卢梭等启蒙思想家，其传承世界的名著无不显现着自由主义的光辉，其对公民主体性的培育功不可没。西方世界率先开展的资产阶级革命更是为培育公民主体性提供了难得的历史契机和舞台，公民意识由此在公民脑海中生根发芽并迅速成长。因此，可以这样说，正是像文艺复兴运动这样的思想启蒙和轰轰烈烈的资产阶级革命，开启和发展了西方世界的公民意识教育活动。在我国，20 世纪初的西学东渐浪潮和新文化运动，同样开启了我国的公民意识教育运动。以梁启超、李大钊、鲁迅为代表的一批学者逐步认识到"改革国民性"的紧迫性，在借鉴西方研究成果的基础上结合我国实际对公民意识教育进行了一定探究和思考。然而，对公民意识教育课题的真正研究肇始于改革开放之后。在现代化与全球化进程相契合的过程中，包括公民意识教育在内的公民教育成为理论和实践关注的重要领域。学者从不同角度开展研究，形成了哲学、法学、伦理学、政治

---

① Walter C. Teaching Democracy：Unity and Diversity in Public Life，From Idiocy to Citizenship［M］．New York：Teachers College Press，2003．13．

学、社会学、心理学、全球化视野的公民教育观。① 哲学视野的公民（意识）教育理论先后产生了自由主义、公民共和主义、社群主义和多元主义等公民教育观，尊重人的主体性是其中一以贯之的核心理念，如罗尔斯的《正义论》；法学视野的公民意识教育主要以法制教育为核心，强调法律意识是现代公民意识的核心，如刘旺洪的《法律意识论》、马长山的《法治进程中公民意识的功能及其实现》（载《社会科学研究》1999 年第 3 期）；伦理学视野的公民意识教育理论迄今为止仍主要是在德育范畴内展开，强调思想政治教育是公民意识教育的基本途径，如李萍、钟明华的《公民教育——传统德育的历史性转型》（载《教育研究》2002 年第 10 期），臧宏的《公民意识的蕴涵及思想政治教育策略》（载《教育评论》2009 年第 1 期）；政治学视野的公民意识教育成果数量最多，成果最丰富，亦认识到公民（意识）教育应该是一种政治社会化过程，并应通过反社会化加以平衡，提出了与伦理学视野的德育观截然不同的通过民主实践实现公民意识教育的新路径，如陈永森的《告别臣民的尝试——清末民初的公民意识与公民行为》；社会学视野的公民意识教育立足于公民社会的形成，强调的主要是个人的社会化，如何传启的《第二次现代化的行动议程——公民意识现代化》。十七大报告提出"加强公民意识教育"后，学者王东虓还对公民意识教育体系进行了探讨，认为新时期、新阶段应以"一切权力属于人民"的宪法精神和"树立社会主义民主法治、自由平等、公平正义理念"的内在结构以及《国家中长期教育改革和发展规划（2010~2020 年）》提出的"培养社会主义合格公民"的战略目标为依据，主张将公民意识教育体系划分为四个层次，即公民意识统领理念教育层次，包括国家意识教育、主人意识教育和现代文明意识教育；公民意识核心理念教育层次，包括民主法治理

---

① 黄葳、黄晓婷：《近十年公民教育研究的回顾与展望》，载《清华大学教育研究》2009 年第 1 期。

念教育、自由平等理念教育、公平正义理念教育；具有范畴属性的公民意识教育层次，包括权利与责任意识教育，国家与民族意识教育、平等与公正意识教育、自由与法治意识教育、道德与文明意识教育等；具有社会公共生活属性的公民意识教育层次，主要有公共意识、公德意识、公心意识、团队意识、生态意识、环保意识、规则意识、遵纪意识、守法意识、纳税意识教育等。① 总之，不同学科视野下的公民（意识）教育观虽自成体系，但共同搭建了公民意识教育的理论框架，也不同程度地对我国的公民意识教育开展发挥了应有的作用，其中通过实践加强公民意识教育正逐步受到重视。

将公民意识教育与法治相联系，基本上是依法治国方略确立之后的事情。早期（自 1982 年宪法制定到 20 世纪 90 年代初）以黄稻的《社会主义公民意识》、李龙的《公民意识概论》为代表的研究成果，大都侧重于对公民意识的历史考察和价值分析，少数提及公民意识教育的研究，也只是从精神文明建设的角度，倡导通过思想政治教育来加强公民意识的培养，从法治视角研究公民意识教育的内容甚少。20 世纪末随着我国依法治国方略的确立，以马长山《公民意识：中国法治进程的内驱力》为代表的部分研究成果，开始将公民意识与依法治国相联系，认为公民意识对社会主义法治建设具有内驱力作用，提出我国应当在建设社会主义法治国家的进程中，迫切需要改变公民意识偏低甚至扭曲的现状，应当在大力推进民主政治建设和法治建设的过程中，切实加强全社会的公民意识培养，从而夯实建立社会主义法治国家的根基。同时针对公民意识的培养，从四个方面提出相应对策：一是切实加强社会主义民主政治建设和社会主义市场经济建设；二是充分利用法制宣传教育、大众传媒塑造公民意识，实现守法教育向公民意识教育的转变；三是结

---

① 王东虓：《公民意识教育层次性探析》，载《思想理论教育》2011 年第 2 期。

合社会主义市场经济体制改革，积极培育市民社会；四是加强社会主义法治建设，为公民意识的培养梳理正确导向。[①] 许章润在观察晚近30年中国民众法律心理变化的基础上，注意到基于国民的"法治愿景"而来的公民期待，由此公民期待而付诸人身的公民行动，特别是它引发的"公民维权"实践，讲述的是当下中国的"训政"故事。[②] 姚建宗在反思我国25年来以"全民普法"为主要形式的社会法治教育得失的基础上，提出我国的社会法治教育应该实现以我国党政官员的法治教育为重点，以法律意识的培育为核心，强化党政官员的法律底线意识，以符合现代民主、法治和宪政的精神实质与原则诉求的现代人，即"公民"为最终目的追求等几个方面的主题转向。[③] 总之，法学视野下的公民意识教育，似乎一直存在"建构论"和"自发形成论"两种截然不同的观点。前者主张将公民意识纳入意识形态构建工程，后者认为随着我国社会主义市场经济的发展与民主和法治实践的深入会促成全社会公民意识的最终普遍形成。

综上，尽管学者们从不同学科角度对公民意识相关问题进行了广泛探讨，但从总体讲，相对封闭的学科划分也制约了不同学科在公民意识教育领域的有效融合，公民意识教育总体上依旧体现为以灌输式为主的学校教育和并不系统深入的社会教育，取得的效果也不甚理想。应该承认，尽管在实践中我们已经开展了形形色色的公民意识教育活动，但对基于社会主义法治实践的公民意识教育体系的设计显然并未形成较为明晰的思路。近年来，我国在"一五"

---

① 马长山：《国家、市民社会与法治》，商务印书馆2002年版，第293~294页。

② 许章润：《论国民的法治愿景——关于晚近三十年中国民众法律心理的一个描述性观察》，载《清华大学学报（哲学社会科学版）》2011年第3期。

③ 姚建宗：《当代中国的社会法治教育反思》，载《大庆师范学院学报》2011年第4期。

至"五五"普法活动中逐步累积了一些好的经验，通过大众媒体也开展了一些富有成效的公民意识教育活动，亟须从理论层面予以系统梳理和总结，以构建基于社会主义法治实践的更富实效的终身型公民意识教育的实践模式。

五、研究目标、基本内容及主要方法

（一）研究目标

研究目标有二：一是厘清法治实践与公民意识教育的关系。通过梳理法治发达国家 300 余年和我国 30 多年法治实践的经验，阐明这样一个不为人重视的基本观点：法治实践是当代中国依法治国背景下公民意识教育的有效途径，公民意识教育是法治实践的附加价值和终极目标。二是根据我国法治实践的实际，建构一类"公权引导、公民参与、媒体传导联动"的公民意识教育法治实践模式，并根据法治运行规律以及法治实践与公民意识教育的紧密程度，从法制定、法实施、法治宣传三个环节提出实现公民意识教育的具体对策，为我国社会主义法治实践的公民意识教育价值寻求切实可行的实现途径。

（二）基本内容

除引言外，正文分为五章，大致可概括为三大部分。一是法治实践与公民意识教育的关系研究。从法治实践与公民意识教育的关系着手，阐明"法治实践是当代中国依法治国背景下公民意识教育的有效途径"和"公民意识教育是法治实践的附加价值和终极目标"这两个核心命题。二是法治实践的公民意识教育价值实现研究。主要从法治发达国家和我国 30 多年的法治实践出发，深入探讨法治实践的公民意识教育价值的实现模式、实现方式，提出建构"公权引导、公众参与和媒体传导联动"的公民意识教育法治实践模式，并对通过法的制定、法的实施和法治宣传实现这一价值进行研究。三是具体法治实践的公民意识教育研究，即根据法治运行的规律以及具体法治实践与公民意识教育的关系，分别研究法制

定、法实施、法治宣传中的公民意识教育。

引言部分：从法治实践的价值和公民意识教育两个方面梳理法治实践与公民意识教育关系这一交叉问题的研究现状；在实证调查的基础上考察当代中国成年人的公民意识及其教育现状，进而研究出本书的学术价值与应用价值；对公民、公民意识、公民意识教育尤其是法治实践与公民意识教育关系的国内外相关研究进行文献综述，并明确本书的研究目标、基本内容及主要研究方法。

第一章：集中剖析法治实践与公民意识教育之间的关系。在已有研究的基础上，首先，对法治实践、公民意识教育的内涵进行界定；其次，从哲学基础、法理基础、生成逻辑三个方面对法治实践与公民意识教育关系的认知基础进行剖析；最后，从实践的教育意义出发对"法治实践是当代中国公民意识教育的有效途径"进行论述，从法治价值的角度对"公民意识教育是法治实践的附加价值和终极目标"进行论述。

第二章：集中探讨法治实践的公民意识教育价值实现问题。在梳理世界范围内300余年以及我国30余年公民意识教育寓于法治实践的经验的基础上，提出"公权引导、公民参与和媒体传导联动"的法治实践的公民意识教育价值实现模式并加以剖析，同时对通过法制定、法实施和法治宣传实现法治实践的公民意识教育价值的方式进行初步探讨。

第三章：具体探讨法制定中的公民意识教育在科学立法中的实践。通过法的制定实现公民意识教育，是法治实践的公民意识教育价值实现的基本方式。结合中国特色社会主义法律体系已经形成的实际，从充实人权立法、推进民主立法、拓展公开立法三个方面，对法制定中的公民意识教育对策进行探讨。

第四章：具体探讨法实施中的公民意识教育对策。通过法的实施达致公民意识教育，是法治实践的公民意识教育价值实现的重要形式和标志。结合社会主义法治建设的重心转到法的实施的实际，从执政党依法执政、国家机关及其工作人员模范守法以及公民自觉守法等守法实践，行政机关依法行政以及教育与执法相结合原则的全面贯彻等执法实践，公正司法、司法公开等司法实践，社会监督尤其是公民法治监督等法治监督实践四个方面，对法实施中的公民意识教育对策进行探讨。

第五章：具体探讨法治宣传中的公民意识教育对策。通过法治宣传达致公民意识教育目标，是法治实践的公民意识教育价值实现的主要方式。结合"一五"普法到"六五"普法的实际，从实现法制宣传教育向公民意识教育的转变、强化以权力机关为核心的公民意识教育组织领导体制、充分发挥公共法治事件的公民意识教育作用、建构"法治宣传与法制定、法实施有效联动"的公民意识教育机制四个方面，对法治宣传中的公民意识教育对策进行探讨。

（三）主要方法

研究以辩证唯物主义与历史唯物主义为指导，以人的全面发展为最高目标，坚持社会存在决定社会意识的基本论点，具体研究拟采用文献综合、比较分析、问卷调查、个案研究等理论研究与实证研究相结合的方法。

第一，社会存在决定社会意识。历史唯物主义告诉我们，社会存在决定社会意识，社会意识是社会存在的反映，社会存在的性质和变化决定社会意识的性质和变化。社会意识对社会存在具有能动作用。社会存在指社会的物质生活过程，其最主要的形式是经济基础与上层建筑。其中经济基础是社会发展到一定阶段上的社会经济制度，即社会生产关系的总和；上层建筑指建立在经济基础之上的政治、法律、宗教、艺术、哲学等观点，以及适应这些观点的政治、法律等制度。本书的法治实践即指按照法治精神处理各类社会关系的活动，本质上就是践行法律制度、反思创新法治观点的一种社会存在。社会意识指社会的精神生活过程，广义指社会的人的一切意识要素和观念形态，包括社会心理和社会意识。本书所谈的公民意识就是一类很重要的社会意识。因此，社会存在决定社会意识，就成为本书最基本的研究方法。

　　第二，从实践到认识。从实践到认识，是辩证唯物主义认识论的基本观点。实践，从词义上看就是实行或行动，指的是人们实现某种目的的活动。在马克思主义哲学中，实践是指人们能动地改造物质世界的对象性活动。公民意识的形成是一个连续不断的发展过程，它同样具有阶段性特点，同掌握科学文化知识的过程一样，要经历认识、感知、理解、提高、运用等多个阶段。本书本着实践的精神，从实践哲学中提取实践的两大特性，即践行、行动与反思、开拓创新，反思性地运用到法治实践的公民意识教育问题上来，在价值及其实现两个层面展开研究。

　　第三，具体方法。主要包括文献综合、比较分析、问卷调查、个案研究等方法。其中文献综合包括公民意识教育寓于法治实践的历史考察、国内外法律法规综合；比较分析包括世界范围内300余年公民意识教育寓于法治实践的比较分析、我国改革开放30年公民意识教育寓于法治实践的比较分析；问卷调查包括我国成年人公民意识状况调查、"一五"普法到"六五"普法法治宣传的成效调查等；个案分析包括具体公共法治事件、典型案件的分析等。

第一章　法治实践与公民意识教育的关系

一、法治实践与公民意识教育的内涵考辨

（一）法治实践的基本含义

"法治"，英文名称为"rule of law"，直译为"法的统治"，即法在国家与社会生活中是统治权威和行为标准，居于支配一切的地位，任何人、任何组织都必须遵守法律，在法律面前人人平等，不得有超越法律的特权。追寻法治的源头，亚里士多德在《政治学》一书中指出："邦国虽有良法，要是人们不能全部遵循，仍然不能实现法治。法治应该包含两重含义：已成立的法律获得普遍的服从，而大家所服从的法律又应该是本身制定的良好的法律。"① "法治"概念发展到今天，通俗地讲，是指以民主为前提和基础，以严格依法办事为核心，以制约权力为关键的社会管理机制、社会活动方式和社会秩序状态。它是"一个动态过程，一项社会工程，一种治国方略和一种价值目标"。② 认识"法治"，还需要注意区分"法治"与"法制"、"法治"与"人治"的根本不同。"法制"是法律制度、法律体制、法律体系的简括语词。在西方，亚里士多德最早用过"法制"一词，但他用得最多的还是"法治"。在马克

---

① ［古希腊］亚里士多德：《政治学》，吴寿彭译，商务印书馆 1965 年版，第 199 页。

② 郭道晖：《法理学精义》，湖南人民出版社 2005 年版，第 340 页。

思、恩格斯的著作中，"法制"与"法治"有时是通用，有时是专指法律制度。列宁著作中则多是用"法制"一词。① 在中国古籍中有"修法制"（《礼记·月令》）、"慎法制"（《商君书·壹言》）、"用法制"（《后汉书·仲长统传》）等说法，一般是指"禁令"。② 新中国成立后，"法制"一词得到广泛运用，如法制建设、健全法制、加强法制、法制国家等提法，其含义主要指国家的法律与制度，这与近现代西方"法制"（legal system）特指法律制度、体制、体系、机制等静态意义上的含义基本一致。因此，"法制"实际上是一个静态的概念和工具性的概念，既可以为专制政治所用，也可以同民主政治相结合，与以民主政治为基础、动态运行的"法治"存在本质不同。③ 现代意义上的"法治"，属于民主政治的范畴，它同专制政治下的"人治"（rule of individual）是对立的。"法治"与"人治"的根本区别在于："当法律与当权者的个人意志发生冲突时，是法高于个人意志，还是个人意志凌驾于法律之上。亦即民主的法律至上，良法至上，还是个人意志与权力至上？在治国、为政、办事时，是人依法，还是法依人？"④ 当代中国，封建人治"一人做主"演化而来的"替民做主"、"个人崇拜"，王权大于国法演变而来的"权大于法"、"仰仗青天"，受封建宗法观念影响形成的"人身依附"、"等级特权"等，无不都是"人治"的主要表现形式。在古代西方，人治论者的代表当推古希腊的柏拉图。在其《理想国》曾极力主张，如果不是由一个无所不能、通晓一切的哲学家来做国王（所谓"哲学王"），人类将永

---

① 郭道晖：《法理学精义》，湖南人民出版社 2005 年版，第 339 页。

② 《吕氏春秋·孟秋记》："是月也，命有司，修法制，缮囹圄，具桎梏。"注："禁令也。"

③ 参见谭家康：《"法治"与"法制"》，载《人民日报》1999 年 3 月 24 日第 9 版；李步云：《关于法治与法制的区别》，载李步云：《法理探索》，湖南人民出版社 2003 年版，第 125～133 页。

④ 郭道晖：《法理学精义》，湖南人民出版社 2005 年版，第 347 页。

无宁日。后来在其"理想国"的乌托邦破灭后，他转而开始支持法治。而亚里士多德一贯反对人治，主张法治。坚持所谓贤人政治是"一人之治"或"一人为治"，即使这个人是好人、智慧的人，也总不如多数人的集体智慧；而且，"让一个个人来统治，这就是在政治中混进了兽性因素"，多数好人的集体比之那一个好人，不易腐败。而"法律之治"则是排除了个人情欲的理性之治，所以"法治应当优于一人之治"，"法律是最优良的统治者"。与其让那最好的一个人来统治，不如力求一个（完备的）最好的法律来统治。① 很显然，专制政治下的"人治"培育的只能是臣民意识，而民主政治下的"法治"培育的才是公民意识。失去了法治，公民与国家的关系就失去了依托，公民这一概念本身也就不复存在，剩下的只有越出法治的暴民和暴政。

法治与其他社会生活一样，在本质上也是实践的。在哲学上，实践就是人能动地改造物质世界的对象性活动。在人类历史上，最早出现的实践是生产实践，因而处理人和自然之间关系的活动，即物质生产活动，就成为实践的第一种基本形式。适应生产实践活动的需要，与生产实践同时发生的是处理人与人之间社会关系的实践活动，即人类的社会交往以及组织、管理、变革社会关系的活动，这是实践的第二种基本形式。以观察、实验为内容的科学活动是人类实践的一个重要领域，相对于科学认识和科学理论而言，它构成人类实践的又一基本形式。法治实践，作为人们践行法治的活动与过程，归属于处理人与人社会关系的实践活动，即创立和改造社会关系的实践，是实践的第二种基本形式之一。法治实践要求："在伦理上，欲消除事实与规范的对立，一定要看法律是法律，虽对法律懵懵懂懂，但应执着地相信法律是真实的，并对法律有某种信徒般的崇拜。当我们在应用法律的过程中，由于与事实的隔阂，便对

① ［古希腊］亚里士多德：《政治学》，吴寿彭译，商务印书馆1965年版，第162~177页。

法律产生了怀疑，在认识论上就要看法律不是法律。最后，经过在规范与事实之间的辗转往复，累积到一定程度，这时看法律有了新得，法律已与事实结合，羽化成了法。"① 质言之，法治的实践属性要求我们从实践观点出发去认识法治，树立一种区别于事实法律观和规范法律观的实践法律观，即"先践行法律，以反对有法不依，对法律的忠诚感，法律教义学的方法缺一不可；再在践行中反思法律，以反对法条主义，这要兼具法哲学的批判和创新精神；最后形成新的法，达致合理的秩序"。② 实践法律观以践行法律，应对中国成就法治的特殊使命，以在践行中反思法律，满足世人追求恰如其分的创造之普适要求，无疑是抓住了"法治"的实践本质。当代中国，法治实践作为一种按照法治精神处理各类社会关系的活动，本身是一个内涵极其丰富的概念，包括了人践行法治的所有活动和过程。从法治实践的内容看，有宪政法治实践、行政法治实践、刑事法治实践、民事法治实践等；从法治运行看，有立法实践、执法实践、司法实践、法治监督实践等；从法治主体即公民的角度看，有公民学法、守法、用法、尊法、护法实践等，从社会的角度看，又有学校法制教育、媒体法治宣传、律师法律服务等。近年来，"法治实践"在普法文件中频频出现，如从"四五"普法开始，提出"法制教育与法制实践相结合"，"五五"普法正式提出"法制教育与法治实践相结合"，"六五"普法再次强调："要坚持法制宣传教育与法治实践相结合，善于运用典型案例剖析和群众关心的热点问题开展法制宣传教育，深入推进多种形式、多种层次的法治实践活动，用法治实践推动法制宣传教育、检验法制宣传教育的实效。"法治实践在处理人与人之间社会关系的实践中日渐居于核心地位，其对公民意识的教育作用也日益彰显。

---

① 郑永流：《法是一种实践智慧》，法律出版社 2010 年版，第 140 页。
② 郑永流：《法是一种实践智慧》，法律出版社 2010 年版，第 140～141页。

（二）公民意识教育之诠释

公民意识教育，简单说，就是培养社会成员的公民意识。[①] 具体而言，是指培养公民参与管理国家和社会公共事务的公民知识、公民情感与公民意志的活动，其中公民知识涵盖了一切与公民有关的知识，如公民道德知识、公民法律知识等，公民情感是人们对自身公民地位的感受与评价，表现为在心理上乐于或向往成为一个合格的公民抑或不屑或不愿做一个合格公民，以及对他人的公民身份在心理上的一种喜怒哀乐的感受和评价等，公民意志是人们自身追求和争取公民身份、公民地位、公民权利时表现出来的一种自我克制、毅力、信心和顽强不屈的精神状态。对人来说，公民意识教育既是实现从臣民意识向公民意识转变的客观需要，也是实现由人到公民转变[②]的必经过程。缺失公民意识教育，不但难以在全社会形成良好的公民意识，而且也不可能真正实现由人到公民的转变。

从教育的角度看，公民意识教育涉及诸多教育主体、教育对

---

① 实践中，围绕公民意识的生成有公民意识培养、公民意识培育、公民意识培植、公民意识提升、公民意识教育等多种提法。十七大报告明确使用"公民意识教育"这一表述。笔者认为，十七大报告所讲的公民意识教育实际上与公民意识培养内涵一致，但用公民意识教育似乎更能反映公民意识作为一种公民身份、公民地位在人脑中的主观映象的形成过程，故本书在正文部分统一使用公民意识教育这一表述，但不应当被想当然地理解为教育学意义上的公民意识教育，更不应以狭义的学校教育概念界定公民意识教育。社会学学者郑杭生谈及公民意识教育时，明确指出：简单地说，所谓"公民意识"主要是指公民对于自己的国家主人地位、应享受的权利和应履行的义务的自觉意识。公民意识教育，就是一种通过学校的、社会的和家庭的各种教育渠道，培育、培养社会成员具有上述公民意识的过程，这实际上也是社会学意义上的社会化和继续社会化的过程。参见郑杭生：《从政治学、社会学视角看公民意识教育的基本内涵》，载《学术研究》2008 年第 8 期。

② 由人到公民的转变是人类自身发展的飞跃，其意义堪比由猿到人的转变——如果说，"人猿揖别"完成了人类成其为人的生理学意义上的进化，那么由人到公民的转变则实现了人类成其为主体的社会学意义上的飞跃。

象、教育目的、教育内容、教育形式、教育途径等具体问题。公民意识教育主体是指具体开展公民意识教育的组织和个人，亦即公民意识教育的组织者、执行者和参与者，包括各级各类国家机关、社会组织、学校、媒体等，当然也包括公民个人。不同国家、不同历史时期、不同发展阶段，上述教育主体各自肩负的教育责任各不相同。公民意识教育的对象是一切有接受教育能力的公民，当然包括"官"、"民"对应意义上的领导干部等。从一定意义上讲，广大公务员尤其是各级领导干部实际上是公民意识教育的重点对象。① 公民意识教育的直接目的是实现社会成员从臣民意识向公民意识的转变，并极大地充实和丰富社会成员的公民意识，根本目的在于为国家、社会需要培养合格的公民，即有积极生活态度，有政治参与热情，有民主法治素养，能与其他公民和社会组织合作的公民。从政治学的意义上讲，是指通过公民意识教育，把公民培养成合格的公民，即"政治人"；从法学的意义上是指通过公民意识教育，把公民培养成具有民主法治理念、能够享受权利、履行义务和承担责任的公民。公民意识教育的形式多样，既包括学校公民教育，也包括家庭公民教育和社会公民教育，其中学校公民教育和家庭公民教育主要针对未成年人的公民意识养成，而社会公民教育主要针对成年

---

① 查阅"一五"普法至"六五"普法的相关文件，"一五"普法即强调各级领导干部要多学一点、学深一点；"二五"普法明确重点对象是县、团级以上各级领导干部，特别是党、政、军高级干部，执法人员，包括司法人员和行政执法人员等；"三五"普法的重点对象同样包括了干部；"四五"普法基本上就是以"领导干部、司法和行政执法人员"以及企业经营管理人员为重点对象；"五五"普法排名前两位的重点对象依然是"领导干部、公务员"；"六五"普法同样强调广大公务员尤其是各级领导干部要带头学法。由此看来，我国20余年的普法教育，广大公务员尤其是领导干部始终是普法教育抑或法治教育的重点对象。这既是理论认知的必然结果，也是实践证明的现实选择。新时期、新阶段开展公民意识教育，将广大公务员尤其是领导干部作为公民意识教育的重点对象自然顺理成章。

人的公民意识生成。公民意识教育的途径因公民意识的内容不同而不同，公民知识一般可以通过家庭教育和学校教学大致实现；公民情感一小部分可以通过家庭教育和学校教学与课外实践初步获取，但大部分应当在人与人交往的社会实践中逐步形成；而公民意志基本上不能够通过家庭教育和学校公民教育获得，主要应在人与人社会交往中通过反复实践经历漫长过程而逐步形成。至于作为公民意识教育内容的公民意识，始终是公民意识教育诸多构成要素中的一个最核心问题。

公民意识教育的内容无疑是公民意识。但什么是公民意识？公民意识的内涵是什么？这些问题至今并未完全解决。从根本上讲，公民意识不是"公民"与"意识"的简单相加，而是一类回归公民身份特性的公民知识、公民情感和公民意志有机统一的社会意识。其中公民身份是"个人在一民族国家中，在特定平等水平上，具有一定普遍性权利与义务的被动及主动的成员身份"。① 这一定义包含了获得公民身份的四个重要意义：（1）民族国家的成员身份；（2）权利与义务；（3）以法律的形式固定下来的权利与义务；（4）平等。在中国社会文化背景下，公民身份包含着一个"制度化了的过程"，② 是一组政治、经济、司法和文化上的实践。③ 而所谓过程性和实践性，在中国文化处境中，是"文化的同质化"与"文化的异质化"这两股力量较劲的过程和实践的过程。④ 而意识，

---

① Janoski, T. Citizenship and Civil Society［M］. Cambridge：Cambridge University Press，1998. 11.

② Somers, M. Citizenship and the Place of the Public Sphere［J］. American Sociological Review. 1993（58）：598.

③ Turner, Bryan. Citizenship and Social Theory［M］. Newbury Park, Calif：Sage，1993. 2.

④ 金耀基：《中国的现代转向》，牛津大学出版社 2004 年版，第 160 页。

从本质上看，是物质世界在人脑中的主观映象。① "意识在任何时候都只能是被意识到了的存在，而人们的存在就是他们的现实生活的过程。"② 在具体内容上，意识是知、情、意三者的统一。"知"就是知识，是人类对世界的一种真理性的追求，与认识的内涵是统一的；"情"指情感，是人类对客观事物的感受和评价，表现为热爱、仇恨、向往、遗憾以及喜怒哀乐等心理的体验活动；"意"指意志，是人类自身追求某种目的和理想时表现出来的自我克制、毅力、信心和顽强不屈的精神状态。③ 在一定意义上，公民意识亦可称作公民性。"公民性（citizenship）被界定为在个体与政治共同体（国家）之间形成的某种社会心理联系，表现为：（1）坚持平等、正义与自治的价值理念，（2）身份获得带来的情感体验，以及（3）具有普遍意义的权利与义务的特定身份行为规范及行为意向。"④ 也正是从公民身份以及知、情、意有机结合的角度，公民意识通常被界定为公民依据宪法规定的基本权利和义务，对自己在国家政治生活和社会生活中的主体地位、主人身份的认识，对相应的责、权、利的认知和价值取向。⑤

任何时候，我们都应当清楚地看到，公民意识是伴随着人类对公民概念的点滴认知逐步形成的一种社会意识。作为一类重要的社

---

① 这里尚需注意区分意识与社会意识的差异。意识可以只在个人的头脑中发生和存在，而社会意识必须是意识借助人们之间的精神交往之后才能形成。也就是说，意识范畴在外延上大于社会意识范畴，它包括经过精神交往之后的意识和精神交往之前的意识，社会意识只是意识的组成部分之一。

② 《马克思恩格斯选集》（第1卷），人民出版社1995年版，第72页。

③ 李秀林、王于、李淮春：《辩证唯物主义和历史唯物主义原理》，中国人民大学出版社2004年版，第53页。

④ 杨宜音：《当代中国人公民意识的测量初探》，载《社会学研究》2008年第2期。

⑤ 王东虓：《把握公民意识教育的主要内涵》，载《人民日报》2009年6月11日第7版。

会意识，其内涵极其丰富，涉及政治、经济、文化建设和社会生活等诸多领域，在不同历史时期和不同国家，始终表现出极具时代特色和民族特色的思想内涵。在美国人的眼里，一个具有公民意识的人，不仅是一个传统意义上的"好公民"，即一个具有爱国、忠诚及服从于国家的品质的人；而且还是一个国家的评判者，一个有能力并且愿意参与其改进的人。① "独立、平等和民主意识是美国人所具有的最深厚的公民意识。"② 我国已有的公民意识研究，"主体意识"、"主人翁意识"等屡屡被提及，梅萍认为"公民的主体意识又称为公民意识"，③ 张友渔认为"公民意识，说到底，就是主人翁意识"，马长山认为公民意识的内核应该是合理性意识、合法性意识和积极守法精神；其中公民意识的核心是主权意识，积极守法精神是公民意识的外显层面。④ 魏健馨认为公民意识包括公民的主体意识、权利意识和社会责任意识。⑤ 李龙主编《公民意识概论》一书共八章，分别就民主观、自由观、平等观、法制观、权利义务观、公德观、宗教观和婚姻家庭观作了论述。⑥ 郑州大学公民教育研究中心秦树理、王东虓、陈垠亭等学者的《公民意识读本》则将公民意识的内容概括为 18 个方面：国家意识、民族意识、国际意识、民主意识、权利意识、责任意识、法律意识、政治

---

① Shirley H. Engle & Anna S. Ochoa. Education for Democratic Citizenship [M]. Columbia: Columbia University, Teachers College Press, 1988. 3.

② 高峰：《美国人的公民意识对我们的启示》，载《首都师范大学学报（社会科学版）》2000（增刊）。

③ 梅萍：《论公民的主体意识与现代公民教育机制》，载《中南民族大学学报》2005 年第 4 期。

④ 马长山：《公民意识：中国法治进程的内驱力》，载《法学研究》1996 年第 6 期。

⑤ 魏健馨：《论公民、公民意识与法治国家》，载《政治与法律》2004 年第 1 期。

⑥ 李龙：《公民意识概论》，武汉大学出版社 1991 年版，第 1~262 页。

意识、平等意识、公平意识、自由意识、公共意识、参与意识、道德意识、文明意识、纳税意识、交通意识、生态意识。① 应该说，上述学者对公民意识内容结构的论述都有一定的道理，但很显然有些内涵解读或者囿于学科歧见略显牵强，或者明显脱离了前述"公民"在意识领域固守的政治内涵而进行了泛化。

其实，历史地看，公民意识有其固有的对应体，即与臣民意识相对应。② 前者以独立性、主体性、权利性为依归，后者以依附性、客体性、义务性为归宿。研究公民意识，应该着眼于研究与臣民意识相对应的公民意识，而不是脱离与臣民意识的对应性泛化地讨论所有与公民有关的意识。从这一角度，主体意识、民主意识、权利意识等都是公民意识的典型表现。③ 而像文明意识、交通意识、道德意识、生态意识、社会责任意识等一般不应纳入公民意识

---

① 秦树理、王东虓、陈垠亭主编：《公民意识读本》，郑州大学出版社2009年版，第4~10页。

② 实践中，还有这样一种解读，即从"公"与"私"的角度，认为公民意识与私民意识相对应，像我们日常所说的小农意识（亦称农民意识）、小市民意识（亦称市民意识）等都是典型的私民意识，与这些意识相对应，文明意识、公共意识等可以称为公民意识。据此进一步认为，中国人的传统社会心理中沉淀下来的大多是"私民"意识，表现出诸多的"私民"人格特征，这种特质显然无法与现代的公民意识协调。如何排除传统社会心理的消极影响，是公民教育实施中必须严肃对待的重大课题。参见路红、戴健林：《现代公民教育与中国传统社会心理》，载《学术研究》1999年第11期。

③ 这里需要指出的是，主体意识、民主意识、权利意识等都是公民意识的具体表现，一般情况下，不宜将某一种具体意识归结为一般意义的公民意识。也就是说，对公民意识的认知，应注意从逻辑关系上区分公民意识是主体意识、民主意识、权利意识等具体意识的属概念而不是相反，公民意识自身的属概念是社会意识。不同学科对公民意识极具学科特色的界定，如法学将公民意识称作主体意识、政治学将公民意识表述为主人意识等，某种意义上只是公民意识在这一领域的具体表现形式，而不是公民意识本身，更不可能是公民意识的全部内涵。

讨论之列。由此看来，臣民意识不但构成公民意识的对应体，其实也是公民意识的外边界即外延。至于公民意识的内涵，本身又是一个丰富的整体，是多方面、多层次的、多规定性的统一。当前，就我国的实际而言，公民意识的内涵似乎可划分为三个界限不甚分明的阶段，即以主体（狭义）为主要内涵的公民意识——以平等为主要内涵的公民意识——以民主（主人）为主要内涵的公民意识。以主体（狭义）为主要内涵的公民意识，是指法律意义上的公民能够对自身的法律主体地位有清晰认知并乐于以主体身份参与国家和社会生活的价值取向，通俗地讲，"即明确认识到自己是一个公民，而不是一个臣民；是社会政治生活和公共生活的主体，而不是无足轻重的客体；自己是作为一个有独立意识和独立地位的政治权利主体加入社会政治关系和政治秩序的"。① 我国改革开放最初近20年努力实现的就是这样一种公民意识，其突出标志就是1989年《行政诉讼法》对"民告官"制度的破天荒确立。学者们所讲的狭义的主体意识、权利意识、法治意识等大致可归属于这一类型。以平等为主要内涵的公民意识，核心内容就是社会成员以追求事实上和法律上的包括官民平等在内的人人平等为主要价值取向，中国加入世贸组织之后这类意识开始得以发展。学者们所讲的平等意识、公平意识、公正意识等大致可归入这一类型。以民主为主要内涵的公民意识，核心内容就是社会成员以追求真正意义上的当家作主为主要价值取向，这类意识在一定程度上构成公民意识的最高境界。学者们所讲的广义上的主体意识、主人意识、民主意识等大致可归入这一类型。以主体（狭义）为主要内涵的公民意识应当是从臣民意识向公民意识转变的第一步，以主体（狭义）为主要内涵的公民意识的形成，标志着人（臣民）实现了由客体向主体的转变，无疑是人类意识的一次质的飞跃。然而，以主体（狭义）为主要

① 张文显：《法理学》（第2版），高等教育出版社2003年版，第12页。

内涵的公民意识仅只是公民意识的初级阶段，公民不可能也不应该仅仅满足于一类徒有其表而没有太多实质意涵的主体地位，必然要逐步向以平等为主要内涵的公民意识进发，因而，以平等为主要内涵的公民意识就成为公民意识本身的一次量变。同理，以平等为主要内涵的公民意识也不会是公民意识发展的终点，从以平等为主要内涵的公民意识向以民主为主要内涵的公民意识的升华必然将公民意识推向更高层次，从而不断充实被誉为公民根本意识的主人意识，① 即公民在社会生活中正确地处理各种矛盾，积极投身于建设中国特色社会主义事业中所体现出来的一种高度的当家作主的觉悟。因为，公民意识的首要方面是公民作为国家权力所有者的主人翁观念，主人翁地位是一切公民的最大公约数，这一观念有助于建立广泛的身份认同。② 这一发展脉络如图4所示。

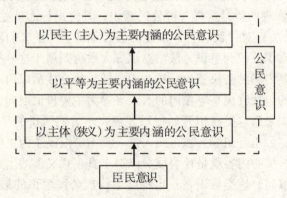

图4　公民意识的层次递进

综上，公民意识教育，就其本来意义而言，应该是"人成其

---

① 秦树理、王东虓、陈垠亭主编：《公民意识读本》，郑州大学出版社2009年版，第4~10页。

② 王锡锌：《公众参与和中国新公共运动的兴起》，中国法制出版社2008年版，第22页。

为公民"的主体性培育工程，是从臣民意识到以主体（狭义）为核心内涵的公民意识，再到以平等为核心内涵的公民意识，最后达致以民主（主人）为核心内涵的公民意识的教育过程。公民意识教育不是一项一成不变的教育活动，其本身也具有层次性、阶段性、渐进性、系统性。所谓层次性，主要是指公民意识教育因公民意识本身的层次性以及教育对象的差异而在教育层面体现出来层级特征。"探讨梳理公民意识教育的层次性是探讨开展公民意识教育的前提。"① 像公民意识一样，公民意识教育从低层次到高层次，表现为以狭义主体为主要内涵的公民意识教育、以平等为主要内涵的公民意识教育和以民主为主要内涵的公民意识教育。所谓阶段性、渐进性，主要是指公民意识教育在不同时期、不同阶段应有所侧重并循序渐进。在公民意识教育的初期，应当是以主体（狭义）意识为主要内容的公民意识教育；在主体（狭义）意识逐步在全社会得以确立后，应当适时转向以平等意识为主要内容的公民意识教育；在平等意识逐步在全社会逐步确立后，应当适时转向以民主（主人）意识为主要内容的公民意识教育。所谓系统性，主要是指公民意识教育是一个相互联系的、统一的整体，图4从臣民意识到公民意识的教育过程是一脉相承的，不能简单割裂。我国当前的公民意识教育，无疑应当充分考虑我国所处的历史时期和具体实际，有重点、有选择且循序渐进地展开。换言之，开展与时代发展相适应的公民意识教育，是我国公民意识教育必须澄清的重大理论问题。从前述实证调查可知，在我国，虽然纯粹的臣民早已退出历史舞台，但臣民意识并未彻底消除，以主体（狭义）为主要内涵的公民意识已取得一定发展，以平等为主要内涵的公民意识开始逐步生成。我国的公民意识教育应当紧扣这一具体实际，同时充分考虑

---

① 王东虓：《公民意识教育层次性探析》，载《思想理论教育》2011年第2期。

我国当前所处的时代特征，① 彻底消除臣民意识，进一步巩固以主体（狭义）为主要内涵的公民意识，大力推进以平等为主要内涵的公民意识，积极稳妥地培育以民主（主人）为主要内涵的公民意识。

二、法治实践与公民意识教育关系的认知基础

（一）哲学基础：法对公民意识的决定性影响

"法是什么？法的本质如何？这是法律学的最初问题，又是它的最后问题——是有志于研究法律学的人们不可不经过的难关。"②中国古代的"法"字写作"灋"，"灋"字的组成很有趣味。"灋"以三点水为偏旁，"水"演化出了"水平"、"公平"之意，表明法是公平的；"灋"字中的"廌"，传说是一种头顶有一只角，能够辨别是非曲直、性情公正的动物，古代进行神明裁判时，以被"廌"触者为败诉；"灋"以"去"字为垫，其意是指"廌"用角去撞击有错或有罪的人，也就是予以制裁，它体现法能制裁违法者的属性。据许慎所著《说文解字》中解释："灋，刑也，平之如水，从水；灋，所以触不直者去之，从去。"《论衡·是应篇》对"灋"解释说："一角之羊也，性知有罪。皋陶汉狱，其罪疑者，令羊触之，有罪则触，无罪则不触。"在西方，"法"的拉丁文是jus 和 lex，前者指抽象的法则、正义、权利；后者指具体的法律。在德语、法语、斯拉夫语中，"法"字分别为 recht、droit、pravo，都包含有"正当"、"权利"的意思。英语中 law 则还有规律、定

① 这一时代特点主要表现为大开放、大变革、大信息等。大开放主要是我国早已实行改革开放政策，我们是在敞开国门的背景下实施公民意识教育；大变革主要是国内外都在经历改革、变革、革新，我们是在变革的时代浪潮中进行公民意识教育；大信息主要是当今社会是个信息高度发达的时代，我们是在与世界进行信息大交流中强化公民意识教育。

② ［日］美浓部达吉：《法之本质》（第2版），林纪东译，商务印书馆1992年版，第1页。

律、法则的意思。至于特定的具体法律文件，英语称 act，德语称 gesetz，法语称 loi。

马克思主义认为，法是指基于人类的社会本性和社会生产关系的历史发展，由社会自发形成的一种特殊的社会关系即法权关系，是客观的社会存在。在马克思看来，不是"先有法，后有交易；而实际情况却相反：先有交易，后来才由交易发展为法制"。① 法是在一定的物质生产方式下，人与人在生产、交换、分配中和其他社会活动中所产生的权利义务关系及其客观法则、习惯规则（或如马克思所说的"自由的无意识的自然规律"②）。其根源于社会物质生产关系，是从它派生出来的一种社会关系，即法权关系，"法权关系是一种反映经济关系的意志关系"。③ 法正是经济关系及其他社会关系的直接体现，是社会自然形成的客观实在。有学者认为，法是上层建筑，是经济基础的反映，因而就不可能是客观的社会存在。④ 这种认识的偏颇主要在于：一是把法（也可称作客观法、应然法）和法律（也可称作制定法、实然法）混为一谈，都当作上层建筑；二是把哲学上的物质与精神的关系等同于经济基础与上层建筑的关系，并把上层建筑的各种现象都归入人的精神、意识的范畴。⑤ 其实，法是一种客观的社会存在，就是作为社会意识产物的法律，当它被立法机关制定出来，对社会产生实际效力之后，也就成为一种社会存在。这里要注意区别"意识"与"意识

---

① 《马克思恩格斯全集》（第 19 卷），人民出版社 1956 年版，第 422 页。

② 《马克思恩格斯全集》（第 6 卷），人民出版社 1956 年版，第 291 页。

③ 《马克思恩格斯全集》（第 13 卷），人民出版社 1956 年版，第 102 页。

④ 孙国华、管仁林：《也谈法与法律的关系——兼与郭道晖先生商榷》，载胡旭晟主编：《湘江法律评论》（第 3 卷），湖南人民出版社 1999 年版，第 47~58 页。

⑤ 郭道晖：《法理学精义》，湖南人民出版社 2005 年版，第 56~57 页。

的产物"的不同，法律观、立法理念、法学等归属于社会意识，但其产物法律制度和机构等法律实体设施，则是由社会意识转化生成的社会存在。不能因为它是一定的经济基础的反映，并且是立法者意志的现实体现，就将其简单归入社会意识。恩格斯有一段最有代表性的权威论述："在社会发展某个很早的阶段，产生了这样一种需要：把每天重复着的生产、分配和交换产品的行为用一个共同规则概括起来，设法使每个人服从生产和交换的一般条件。这个规则首先表现为习惯，后来便成了法律。随着法律的产生，就必然产生出以维护法律为职责的机关——公共权力，即国家。在社会进一步发展的过程中，法律便发展成或多或少广泛的立法……随着立法发展为复杂和广泛的整体，出现了新的社会分工的必要性：一个职业法学者阶层形成起来了。同时也就产生了法学。"① 从以上论述可以清晰可见，马克思主义不但将法权关系意义上的法视作一种客观的社会存在，而且把作为社会意识产物的法律也视作一种社会存在，本文所说的法，既包括作为客观社会存在的法，即应然法（law as it ought to be），也包括作为社会意识产物的法律，即实然法（law as it is）。

无论是作为社会客观存在的法，还是作为社会意识产物的法律，既然都是社会存在，就必然或多或少地被反映到公民意识之中。马克思主义哲学的基本观点认为，意识的真正本质是对客观存在的反映，社会存在决定社会意识，社会意识由社会存在派生而来。公民意识作为一类社会意识，自然具有受社会存在决定的属性，对社会存在具有自身的依赖性。公民意识作为客观世界的主观反映，必然有其客观的内容来源，有自己客观的"原型"。我国学者运用马克思主义的立场、观点和方法很早就指出："社会主义公民意识是社会主义社会的社会存在在人们头脑中的反映，属于社会意识的范畴。它是每个公民通过社会生活实践而对自身及他人在社

---

① 《马克思恩格斯全集》（第 2 卷），人民出版社 1956 年版，第 539 页。

会中的地位、权利、义务和相互关系的基本认识，是对社会主义现实中民主、法制、道德及思想文化诸方面对自身影响的深刻体验，也是处理个人、集体和国家之间关系的基本原则的具体反映。"①公民意识属于社会意识的范畴，表明马克思主义社会存在决定社会意识的基本观点同样适用于法与公民意识的关系；公民意识是每个公民通过社会生活实践而对自身及他人在社会中的地位、权利、义务和相互关系的基本认识，实际上就是作为社会客观存在的法抑或法权关系在公民意识层面的反映；公民意识是对现实中民主、法制、道德及思想文化诸方面对自身影响的深刻体验，实际上就包含着作为社会意识产物的法律（法制）在公民意识方面的影响。易言之，"公民意识决定于'公民'的实践，是社会客观存在的'公民'事实的主观反映"。"只有社会客观存在将人作为'公民'对待的事实，存在自由平等、民主法治的状态，才会在人们的头脑中催生出公民的意识，这是毋庸置疑的。"② 因此，我们有理由认为，社会存在决定社会意识的学说，同样适用于法与公民意识的关系。虽然我们目前还很难直接断言，法决定公民意识，但至少可以说，法对公民意识具有决定性影响。至于作为社会存在的法为何可以对公民意识产生决定性影响，完全可以从公民概念的法律属性以及权利（力）博弈的运行轨迹中寻找答案。

（二）法理基础：公民概念的法律属性

如前所述，何谓"公民"？"公民"的本质属性是什么？一度构成了诠释公民意识内涵、认知公民意识教育内容的最大困惑。因此有必要在系统梳理"公民"概念的基础上明晰之。

"公民"一词，早在有据可考的古希腊即已显现。被认为"公

---

① 王军：《简论社会主义公民意识与宪法意识》，载《东岳论丛》1987年第 3 期。

② 雍自元、黄鲁滨：《论公民意识的内涵和特质》，载《法学杂志》2010 年第 5 期。

民"概念诞生地的古希腊，①"公民"是以城市管理者的身份出现的。希腊文的"公民"，其原意为"属于城邦的人"。古希腊城邦的"公民"实际上是一个将奴隶和妇女等排除在外的仅限于成年男子的特权阶层，公民身份最主要的标志就是他们享有政治权利。按照亚里士多德的说法："一个正式的公民应该不是由于他的住处所在，因而成为当地的公民；侨民和奴隶跟他住处相同（但它们都不得称为公民）。仅仅有诉讼和请求法律保护这项权利的人也不算是公民；在订有条约的城邦间，外侨也享有这项特权……全称的公民是'凡是参加司法事务的治权机构的人们'。"②"人们一旦参加城邦整体，就享有了政治权利，他们就的确是公民了。"③ 尽管后来的君主制下的臣民也属于国家，但因为国家属于君主，所以他们归根结底是君主的臣仆，而公民所归属的国家是公民共同体，他们是共同体的成员而不是任何个人的臣仆，这是"公民"概念的原始含义。在封建制度下，君主在其管辖的范围内拥有至高无上的权力，其他的社会成员必须服从于君主。原来那种反映有限平等关系的公民身份就不可避免地被反映完全不平等关系的"臣民"概

---

① 根据馨元博士的考证，在有文字记载的历史中，"公民"一词最早出现在古希腊的历史记录上。从流传下来的书籍中可以发现，当时的执政官谈论公民一词已经非常习惯和自如。亚里士多德比较全面地论述了最初的公民形态——古代希腊城邦国家的公民，并因此提供了最初的公民理论；他的老师柏拉图也在其著作中谈到了公民问题，更早时期的《荷马史诗》也反映了早期的公民生活。但基于人类文明的历史延续性应该可以推测出在前希腊时代就已经存在公民一词。当我们回顾"公民"的历史不得不从古希腊开始时，并不是因为可以肯定在古希腊之前没有"公民"这一词，只是因为前古希腊时期的文献所限而已。参见馨元：《公民概念之演变》，载《当代法学》2004年第 4 期。

② ［古希腊］亚里士多德：《政治学》，吴寿彭译，商务印书馆 1965 年版，第 110~111 页。

③ ［古希腊］亚里士多德：《政治学》，吴寿彭译，商务印书馆 1965 年版，第 109 页。

念所取代，从而非常形象地体现了等级、特权制度下人与人之间的不平等关系。这种不平等关系在"普天之下莫非王土、王土之下莫非王臣"的中国封建社会表现得更为漫长与淋漓尽致。封建制法律公开确认贵族、官吏按其爵位等级在经济上享有免赋、免役的特权；在政治上实行封赠制。对广大"臣民"刑罚至为残酷，滥用肉刑，"具五刑"、"夷九族"。① 直至清末学习西方国家颁布的《钦定宪法大纲》，依然保留了"君上大权"和"臣民权利义务"这样的规定。② 因此，一般而言，在漫长的封建社会，法律上根本没有"公民"之称，唯有"臣民"之说。中世纪后期，资产阶级开始登上历史舞台。资产阶级将推翻封建的等级特权制度作为将自己从专制桎梏下解放出来的前提，提出了每个人生来自由平等的主张并重新使用"公民"概念。但是，资本主义国家早期即政治国家形成之前，受中世纪后期市民社会发展的影响，"公民"与"市民"没有明确界分，生活于城市或镇上的自由民，包括追求私人利益最大化的城市里的商人、自由民、手工业者乃至律师、帮工、学徒等这些市民阶层的人统统划归"公民"。直至 16 世纪政治国家形成后，"公民"概念之含义才开始在政治国家的前提下运用，指的是作为共和国成员，并被法律赋予相应的政治权利和社会权利的人。那些只追求私人利益的最大化而不具有"自由"、"平等"等公民观的人一般不再被称作"公民"。但也应看到，在法律上广泛应用"公民"概念的资本主义国家，其公民资格的取得也不是无条件的，不少国家的宪法和法律从种族、性别、家庭出身、宗教信仰、教育情况、财产状况、居住年限等方面对公民进行了限制。例如，法国妇女直到 1944 年以前都没有选举权，那时社会的主流舆论认为："妇女永远不能成为理性的，从而也就不能成为拥有平

---

① 程辑雍：《公民意识历史考察和基本内涵》，载《上海社会科学院学术季刊》1987 年第 2 期。

② 谢瑞智：《宪法大辞典》，台湾千华出版社 1993 年版，第 556 页。

等权的公民，拥有自己的权利。因此，法国国民公会 1793 年春肯定，'儿童、精神病人、未成年人、妇女和恢复权利之前的罪犯不是公民'。"① 因此，我们说，即便在以否定"臣民"代之以"公民"称谓的资本主义国家，公民依然没有能够成为一个普适性概念。现代社会的到来，是与从身份到契约的革命相伴随的，② 受此影响，公民身份的获得不再受出身、财富、种族、性别等外在因素的限制，而普遍化为具有一个国家国籍的人。一个人只要具备了某一国家法律上规定的身份或资格，就可以与该国家建立起法律上的隶属关系，成为该国的公民，并不以参与政治为先决条件。这种意义上的公民，不再是道德的、政治的存在，而是追求个人权利的个体，他们之间没有高贵与卑贱、优秀与平庸之分，在法律面前都享有同样的权利，履行同样的义务，实现的是作为国家成员之间的平等关系，而不像古代城邦的国家那样，仅仅是那些拥有优良的血统、自由的身份的公民之间的平等，公民与奴隶、妇女、外邦人之间是不能讲平等的。

在我国，"公民"一词是舶来品。中国传统文化中并不存在"公民"这一概念。马克斯·韦伯曾就此指出："在西方之外，从来就不存在城市公民的概念。"③ "公"和"民"连在一起组成一个新的词，是近代以后才出现的，最早见诸 20 世纪初近代文人志士介绍西方宪法的著作中，如康有为的《公民自治篇》等，其原意指的是作为行使参政权等公权的主体。我国自清末推行仿行宪政、将个人与国家之间的关系纳入宪法的范围以来，作为个人与国

---

① ［瑞士］胜雅律：《从有限的人权概念到普遍的人权概念——人权的两个阶段》，载沈宗灵、王晨光主编：《比较法学的新动向——国际比较法学会议论文集》，北京大学出版社 1993 年版，第 139 页。

② ［英］梅因：《古代法》，沈景一译，商务印书馆 1959 年版，第 95~97 页。

③ ［德］韦伯：《新教伦理与资本主义精神》，彭强、黄晓京译，陕西师范大学出版社 2002 年版，第 22 页。

家之间的政治联系的"公民"法律身份并不是从一开始就得到了宪法规范的明确肯定，其间经历了一个从"臣民"到"国民"，从"国民"到"人民"，从"人民"到"公民"的历史发展过程。①新中国成立后，实行社会主义制度，1953 年公布的《中华人民共和国全国人民代表大会及地方各级人民代表大会选举法》成为首次使用"公民"概念的规范性文件，其第 4 条明确规定："凡年满十八周岁之中华人民共和国公民，不分民族和种族、性别、职业、社会出身、宗教信仰、教育程度、财产状况和居住期限，均有选举和被选举权。"随后颁布的 1954 年宪法及其后的历次修改，都明确使用了"公民"一词。②并明确规定除国籍外，中华人民共和国公民资格的取得不受财产状况、性别、年龄、教育程度等任何不合理的限制，从而确立了不同于历史上和其他社会的"公民"范畴。

然而，自"公民"被引入我国以来，其在法律文本上的发展与在习惯意涵上的发展并不一致。易言之，迄今为止，无论是在法律文本上的使用，还是在习惯意涵上的理解，我们始终未能在有意识地区割"公民"与"人"关系的基础上正确使用公民概念。在汉语语义上，一般而言，"公"与"私"相对应，"民"与"官"相对应。"公"是一个会意字。小篆字形，上面是"八"，表示相背，下面是"厶"（"私"的本字），合起来表示"与私相背"，即"公正无私"的意思，本义：公正，无私。许慎在《说文解字》中

---

① 莫纪宏：《"公民"概念在中国宪法文本中的发展》，载《人权》2010 年第 4 期。

② 值得注意的是，现行宪法既规定了公民的基本权利与义务，又规定了中华人民共和国一切权力属于人民。这里涉及公民与人民的关系。一般认为，公民是一个法律概念，从国籍的角度，与外国人、无国籍人相对应；而人民是一个政治概念，与敌人相对应。〔不过《现代汉语词典》（第 6 版）的解释是："人民，以劳动群众为主体的社会基本成员。"是与非劳动群众相对应的。〕按照这种理解，现行宪法第 2 条规定的人民依照法律规定管理国家和社会事务中的"人民"，在某种意义上是公民的集合体。

对公的解释是：公，平分也，从八，从厶。八犹背也。背厶为公；"私"在中文中为一个首尾相衔的"自环"——"厶"，是指"属于己"的私田。日本学者沟口雄三指出："中国的'私'这个字，从字形的角度考察，构造它的'厶'也用来构造'公'，显然，'私'与'公'共有'厶'这个字。"① 从"公"与"私"的角度看，公民与"私民"相对应。这种从"公"、"私"视角对人身份进行划分，在西方社会早已有之。"在罗马帝国时期，所有这些区别（希腊人和野蛮人、自由民与奴隶、公民与被保护民、罗马的公民与罗马的臣民的区分，笔者注），除自由民和奴隶的区别外，都逐渐消失了；这样至少对自由民来说产生了私人的平等。"② 即便是后来的西方民主国家，"西方民主国家的公民本身就包含了一个两重性的我——社会的我和个人的我。每个公民既有为国家和社会尽义务的职责，同时也被赋予有公民自由权制度所保护的不可侵犯的个人权利"。③ 马克思早在《论犹太人问题》一文中就一针见血地指出：人有"公人"与"私人"的双重身份，其中"公人"即公民，是参与社会政治共同体即参与国家公共事务的人，是"政治人"，而"私人"，即作为市民社会成员的人，是"本来的人"，"即非政治的人，必然表现为自然人"，"这是和 citoyen（公民）不同的 homme（人）"。④ "民"的含义在古代中国指处于被领导被统治地位的氏族，即黎民百姓，平民，与君、官对称，今

① ［日］沟口雄三：《中国的思想》，赵士林译，中国社会科学出版社1995年版，第52页。

② 《马克思恩格斯选集》（第3卷），人民出版社1972年版，第143页。

③ 陈永森：《告别臣民的尝试：清末民初的公民意识与公民行为》，中国人民大学出版社2004年版，第5页。

④ 《马克思恩格斯全集》（第1卷），人民出版社1956年版，第430~443页。

天则主要以"群众"为核心内涵。① 官，甲骨文字形，从"宀"，以宀覆众，即"治众"的意思。从"民"与"官"的角度看，"公民"与"臣民"相对应。这是一种对人身份的等级划分，使用更为广泛。② 如前所述，在产生"公民"一词的古希腊、古罗马奴隶制国家，公民就仅仅是指在法律上有特权的一小部分自由民，"在希腊人和罗马人那里，人们的不平等比任何平等受重视得多。如果认为希腊人和野蛮人、自由民与奴隶、公民与被保护民、罗马的公民与罗马的臣民（指广义而言），都可以要求平等的政治地位，那么这在古代人看来必定是发了疯"。③ 在"普天之下莫非王土、王土之下莫非王臣"的封建社会中，法律上同样没有公民之称，唯有"臣民"之说。"公民"概念不再使用，代之而起的是"臣民"概念。西方资产阶级革命胜利之后，依附型政治体制下的"臣民"逐步转化为民主政治下的"公民"。④ 因此，严格说来，"公民"与"人"从来就不是一个概念，"公民"归属于"人"的范畴。历史地看，"人"有"公民"与"臣民"之分；现实地看，"人"有"公民"与"自然人"（亦称私人、私民或者市民）之分。基于人类历史发展的规律，人必然要逐步实现从臣民意识向公民意识的转变；同样，基于现实的生存需要，人必然会同时兼具公

---

① 李丹：《汉语语境中"民"的含义之演变》，载《中国行政管理》2001 年第 5 期。

② 在中国文化中，"公"的概念从先秦出现起，历经千年，不仅形成社会的价值理念（如公道、公理、公器、公正等），而且形成了与"国"、"官"相联系的"以国为公"、"国家至上"的含义。在我国，"公家"与"官家"是相通的，没有"公路"，只有"官道"。时至今日，官方文件多使用"人民"，媒体报道更青睐"百姓"，唯独缺少"公民"这一称谓。这或许正是"公民"概念在我国一直难以确立的文化根源。

③ 《马克思恩格斯选集》（第 3 卷），人民出版社 1972 年版，第 145 页。

④ 张凤阳：《政治哲学关键词》，江苏人民出版社 2006 年版，第 136～140 页。

民与自然人的双重属性，此即大多数人在不加区割"公民"与"人"本质差异基础上得出公民的自然属性和法律属性。于是乎，在法律文本上使用的"公民"概念，剖除国籍因素，"公民"即人，与我们常说的自然人抑或人没有其他不同。这种解读显然忽视了"公民"概念固有的法律属性，即公民是具有某个国家国籍并有权参与该国公共权力行使与监督的人。①

综上，无论是"公民"概念在古希腊的发端，还是"公民"概念在我国的引进，"公民"概念界分了"一个人在公共生活中的角色归属"。② 本意是指一个人的政治身份，这种身份既是国家构成的基本要素，也是政治构成的核心成分。③ "政治主权"④ 才是"公民"概念的应有内涵——在通常意义上，人们正是以"政治主权"为依据来判断公民身份的归属，并作出公民与非公民的分化。

---

① 馨元：《公民概念在我国的发展》，载《法学》2004 年第 6 期。

② 吴威威：《公民及相关概念辨析》，载《天府新论》2005 年第 2 期。

③ What exactly is citizenship and how should the concept be interpreted? At its most basic level, "citizenship" refers to membership of a state or country or similar settled political community. However, there are layers of complexity even within this ostensibly simple definition. First, we need to clarity precisely what community or communities are referred to in the definition: in other words, what are citizens of? Secondly, we need to clarity what benefits citizenship offers and what are rights and duties the term "membership" implies. What does a country expect of its citizens? Is it this membership that gives citizens their primary identity? How far does the loyalty demanded of citizens extend? J. Halstead. Citizenship and Moral Education: Value in Action[M]. London; New York; Routledge, 2006. 8.

④ 政治主权就其最朴素的意义而言，意指组建政府并参与国家治理的权利。霍布斯的君主主权论、洛克的议会主权论、卢梭的人民主权论，都是以"人民乃国家的真正渊源"为前提逻辑的社会契约论为基础的，因而主权"属民"已经被认为是不证自明的常识性原理，所不同的是主权之"所在"，即主权的行使者存在不同。参见江国华：《宪法与公民教育》，武汉大学出版社 2010 年版，第 39~41 页。

原初意义上的"公民"是一种特权身份，反映的是有限人群的平等与权利。亚里士多德明确将"公民"定位于一种仅在城邦范围内有存在意义的政治身份，将"公民"界说为有权参加议事、司法和行政职司的人。① 今天的"公民"概念，其内涵得到了合乎逻辑的广延和丰富，并完全蜕除了其原始的身份性胎记，成为一个具有普适性意义的主体性概念、实践性概念和集合性概念。② 作为一个主体性概念，"公民"不仅仅是构成国家和政治的基本要素，而且是唯一的主体性要素。因为在所有的政治构成要素中，只有"公民"这个概念具有"意识的内在性"，而且这种"意识的内在性"与抽象的人的"意识内在性"存在明显的差异。也正是这种差异，决定了并非所有的人都能称之为"公民"。换言之，人要成其为"公民"，除需满足一定的外在形式和规范性要件之外，还需满足特定的"意识内在性"，其中的核心问题就是其对于政治生活及其在政治生活中主体地位的正确把握。作为一个实践性概念，"公民"不仅圈定了政治生活的主体，而且也预定了这种主体活动的目的即在于"公民"本身，亦即公民就是政治的目的，是一切政治行动、政府组织和政治制度的唯一真实的目的；而且这种以公民为目的的主体性活动总是以"人际"为展开的场域。作为一个集合性概念，"公民"是公民个体的集合，其所反映的通常不是某一个特定的个体，而是由这些特定个体所组成的集合体。

从"公民"概念的产生和发展可以看出，"公民"从来都不是一个与自然人共生共存的超然存在，而是一个与法紧密联系的不断发展的特定概念，是"个人同某一个特定国家或政治共同体的法

① ［古希腊］亚里士多德：《政治学》，吴寿彭译，商务印书馆1965年版，第109~119页。

② 江国华：《宪法与公民教育——公民教育与中国宪政的未来》，武汉大学出版社2010年版，第4~6页。

律上的联系"。① 进一步讲，公民作为一个法律概念，是宪法学中的基础范畴。公民概念在宪法中的使用，非常形象和恰当地表达了个人在国家中的身份和地位。也正是"在个人获得宪法上的'公民'法律身份的历史发展过程中，个人与国家之间的政治联系从从属到平等、从不清晰到非常明确，'公民'概念使得个人与国家之间的政治联系制度化、规范化和法律化，为'公民社会'、'法治国家'的建立奠定了宪法基础"。② 因此，无论如何，首先应该承认"公民"本质上是一个法律概念，它产生于法，发展于法，是在法的孕育和发展中逐步成长起来的一个婴儿。没有法就没有"公民"，也无从认识"公民"从何而来，又将走向何方？正是法与"公民"之间的这种天然联系，决定了认识与"公民"有关的一切现象，归根结底都应当去法中寻求最佳答案。今天，我们不否认"公民"概念在人类历史发展的长河中几经变迁，也不否认"作为舶来品的'公民'从一开始就不明不白地在我国落户，围绕着它的并不总是一片与之相生相融的土壤"。但我们应该庆幸的是，"在意识领域，人们仍然以其固有的政治内涵使用'公民'"。③ 也正是此种近乎偏执的坚持，为我们从"公民"的法律属性出发认知法治实践与公民意识教育关系提供了法理基础。

（三）生成逻辑：权利（力）博弈

在法运行过程中，权利与权力作为法的一对范畴，始终表现为一种对立统一关系。法律意义上的权利与权力，自产生之初就从来没有停止过博弈。一个显著的现象就是，权力多元化与社会化的趋势日益明显，不但在国家权力内部出现了立法权、行政权、司法权

---

① ［英］戴维·M. 沃克：《牛津法律大辞典》，光明日报出版社 1988 年版，第 161 页。

② 莫纪宏：《"公民"概念在中国宪法文本中的发展》，载《人权》2010 年第 4 期。

③ 馨元：《公民概念在我国的发展》，载《法学》2004 年第 6 期。

的相对分离，而且出现了国家权力向社会转移及权力社会化的趋势，即产生了与国家权力并存的社会权力。而博弈的背后，反映的则是公民意识的不断觉醒。亦即康德所言，"大自然迫使人类去加以解决的最大问题，就是建立一个普遍法治的公民社会"。① 从一定意义上讲，贯穿法治进程始终的上述权利与权力的博弈，既是社会成员积极争取和实现自身权利的法治实践过程，也是一个循序渐进的公民意识教育过程。社会成员争取和实现自身权利的法治实践和基于这一法治实践的公民意识教育呈现出一种高度耦合。因此，从公民权利与国家权力、社会权力与国家权力以及国家权力间的相互博弈去探究法治实践与公民意识教育的关系，不失为一种透过现象看本质的认识路径。

在公民权利与国家权力的博弈中，社会成员逐步摆脱"臣民"的受役性、"市民"的狭隘性，开始追求体现主体地位的公民身份，公民意识教育由此展开。这种博弈，从结果看，体现的是现代公民的一种政治担当与社会责任，但从过程看，就是社会成员通过积极参与现代国家管理和社会管理实现公民意识自我教育的一种生活图式。这一生活图式完全可以通过人类对公民权的认识得以印证。按照马克思的观点，公民权即公民参与政治的"公权利"，与市民社会中作为"私人"的自然人、经济人及其"私权利"不能等同。② 在《论犹太人问题》一文中，马克思明确指出，公民参与国家事务的政治权利即公权利，这种公民权是同政治共同体相结合的权利，其内容是"参加这个共同体，而且是参加政治共同体，参加国家。这些权利属于政治自由范畴，属于公民权利的范畴"。而"私人"所享有的生命、自由、财产、平等和安全等权利是"私权利"，这种权利是建立在人与人、个人与社会共同体相分离

① ［德］康德：《历史理性批判文集》，何兆武译，商务印书馆 1997 年版，第 8 页。

② 郭道晖：《法理学精义》，湖南人民出版社 2005 年版，第 12 页。

的基础上的权利，即作为封闭于自身、不受社会（国家）干预的权利，属于私人利益范畴。① 很显然，上述双重权利理论，明显突破了将市民社会视作一种封闭的、尽量摆脱国家干预的私人社会的狭隘性，突出了以公民身份参与国家政治的权利。② 众所周知，法是以权利为主要内容的，这其中自然包括了公民以公民身份参与国家政治的权利这一类公民权利。以我国宪法规定为例，平等权（第33条、第48条），选举权与被选举权（第34条），言论、出版、集会、结社、游行、示威自由（第35条），宗教信仰自由（第36条），批评、建议权、申诉、控告、检举权、取得国家赔偿权（第41条），从国家获得物质帮助权（第45条）等权利均属于公民参与政治的公权利。作为公民参与政治的公民权利，既是对国家权力的政治参与权，也是抵抗国家权力侵犯的政治防卫权和抗衡国家权力的法律武器，通常对国家权力形成制衡作用，此所谓"以公民权利制衡国家权力"。法治实践的过程，在很大程度上就是这类公民权利与把持国家政治资源的国家权力的博弈过程，这种博弈的过程，正好就是公民意识教育的过程，也是认知法治实践与公民意识教育关系的最重要的逻辑构成。

现代社会，仅靠社会成员的"单打独斗"，很难确立全体公民在国家和社会中的主体地位，法治实践的公民意识教育作用也难以全面发挥；只有真正实现社会权力在法治基础上的不断壮大并与国家权力的良性互动，公民意识教育才能取得质的飞跃。因而，社会权力与国家权力的博弈，就成为法作用于公民意识教育的另一重要机理。社会权力作为与国家权力相对应的另一类权力存在，根源于公民权利，是"在国家与社会二元化格局下，社会主体拥有自己的社会资源和独立的经济、社会地位而形成对国家和社会的影响

---

① 《马克思恩格斯全集》（第1卷），人民出版社1956年版，第430～443页。

② 郭道晖：《公民权与公民社会》，载《法学研究》2006年第1期。

力、支配力"。① 社会权力与国家权力的博弈，本质上反映的是公民以集合体的形式积极参与公共事务的另一种生活图式。这一生活图式产生的公民意识教育功能，主要体现在两个方面：其一是享有社会权力的社会组织的培育过程，本身就是公民意识教育的过程。例如，政党、媒体、工会、妇联、青联、各种行业协会等非政府组织以及村民委员会、居民委员会等自治组织的设立和不断壮大，无疑具有极强的公民意识教育作用。其中社团和媒体的公民意识教育功能尤为巨大。"社会团体自古滥觞之时起，就展现了人类自由自主活动的发展走向，是国家权力回归社会的重要桥梁。"② 而大众传媒，尤其是互联网"正成为舆论新格局的重要组成部分，成为思想文化信息的集散地和社会舆论的放大器"。③ 其二是国家权力与社会权力通过还权、放权、授权、受委托、参权以及监权等方式博弈的过程，更是法作用于公民意识教育的过程。还权即将原本属于社会主体的权力，从被国家"吞食"的国家权力中分离出来，回归为社会自主和自治的权力。从而改变国家权力过度集中的局面。放权即根据政府职能转变的需要，将部分国家权力下放给社会权力主体，在适度发展社会权力的基础上实现社会权力与国家权力的制衡。授权即将部分国家权力以法律授权的方式让部分符合条件的社会权力主体去行使，社会主体将所获得的授权与自身的社会权力相结合，既对国家权力形成了一定的制约，也降低了国家权力与公民权利间的直接冲突。受委托即具备一定条件的社会权力主体接受国家机关的委托，代行使一定的国家权力，受托主体对行使受托

---

① 郭道晖：《社会权力：法治新模式与新动力》，载《学习与探索》2009 年第 5 期。

② 马长山：《国家、市民社会与法治》，商务印书馆 2002 年版，第 162 页。

③ 中国社会科学院：《2008 年中国互联网舆情分析报告》，载《人民日报》2008 年 12 月 22 日第 12 版。

国家权力不可避免地获得了一定的自由裁量权能，从而对这部分国家权力形成制衡。参权即通过社会主体集中反映不同群体的意见与建议，直接或间接参与国家的立法、行政和司法等决策、执行和监督活动的过程，通过参权，为国家管理提供社情民意和来自基层群众和各路专家的智力支持，从而促进政务公开和透明度等。监权即监督权力的简称，指的是通过社会舆论和社会组织的活动，对国家权力施加压力，或者通过公民集体行使公民权利，如选举权、游行、示威、集会权、检举权、罢工权等，形成声势浩大的社会权力去监督国家权力。这种社会权力与国家权力的博弈，随着新传媒时代的到来，正日益成为认知法治实践与公民意识教育关系的另一个重要的逻辑构成。

与公民权利和国家权力、社会权力与国家权力的博弈直接产生公民意识教育价值相比，客观地讲，国家权力内部日益分化的立法权、行政权、司法权之间的博弈，只是间接产生公民意识教育功能，直接产生的公民意识教育价值并不显著。但在现实社会中，这种权力博弈又是各国基于法治实践进行公民意识教育的常态机制，也为各国执政者所青睐。这种基于国家权力之间博弈的公民意识教育机制，实际上遵循的就是教育学上所讲的一般教育方式，即国家权力的行使者以教育者自居，以国家权力的斗争与妥协为教育内容，教育广大受国家权力支配的公民心甘情愿地接受国家权力以法的名义所实施的管制。西方法治发达国家屡屡上演的议会对总统或总理的弹劾①、总统对议会立法的否决以及法院对总统选举的裁判②等，就是现实版的基于践行法治而发生的公民意识教育实例。在我国，以公民深恶痛绝的官员腐败为例，为了惩处各类腐败行为，国家不但在执政党内部成立了纪律检查委员会，而且在行政机关内部先后成立行政监察部门、预防腐败管理局，在检察机关内部成立了反贪局、反渎职局等，冀望通过这种国家权力之间的制约与监督，既预防和惩处腐败行为，又教育包括领导干部在内的人们做一个遵纪守法的好公民。这种反腐败机制背后折射出的公民意识教育理念，本质上仍属于基于国家权力间博弈的公民意识教育机制。

三、法治实践：依法治国背景下公民意识教育的有效途径

（一）实践的教育意义

公民意识作为一种社会意识，本质上是人们在处理人与人之间社会关系的实践过程中逐步形成的。在现实生活中，人的行为方式一般表现为先思后行、以知统行。一个人的行为活动越理性化，"知先行后"的特点就表现得越突出和明显。这往往给人一种错觉，以为认识应先于实践产生，是认识决定实践。但实际上，在认

---

①　在英国早期的法治演进的过程中，议会曾经根据《自由大宪章》的规定，两次成功地弹劾滥用权力的国王，分别将爱德华二世与理查德二世废黜，从而将王权置于议会权力的监督之下。

②　2000 年，美国总统大选就上演了一场好莱坞经典大片式的悲喜剧。总统大选的两位主角分别是共和党的小布什（George W. Bush）和民主党的戈尔（Al Gore）。围绕着佛罗里达州（Florida）选票计算，小布什和戈尔经历了 36 天的"世纪司法大战"，最后最高法院受理此案，并于 2000 年 12 月 4 日做出九票一致的判决：搁置州最高法院的判决，将案件发回。12 月 8 日，佛州最高法院以 4：3 票给予戈尔最后的计票机会。布什阵营再向联邦最高法院提起紧急上诉。最高法院以 5：4 票发出立即停止计票的紧急命令。12 月 12 日，最高法院以同样的票数作出最后裁决："推翻佛州最高法院继续人工计票的决定。"小布什最终当选。

识与实践的关系中，归根结底是实践决定认识，而不是认识决定实践。亦即"不是人们的意识决定人们的存在，相反，是人们的社会存在决定人们的意识"。① 在实践中，人往往根据对事物运动规律和自身内在需要的认识去改造事物，将其改造成适合人占有和使用的形式，充分彰显出人的主体能动性。也就是在这一改造事物的过程中，人自觉地把自身和自然界区分开来，意识到自我的存在，并形成了主体意识。因此，我们说，实践过程，不但是人的主体性不断发展的过程，而且也是人的主体意识不断提高的过程。此外，人通过实践活动不仅能使自身的利益和需要得到满足，而且也检验着自己对事物的认识是否正确，即只有实践才能证实或证伪某种认识，而认识却不能通过自身而得到证实或证伪。马克思主义哲学通过对实践深入而细致的探讨，认识到全部社会生活"在本质上是实践的"，② 即实践既构成了社会关系的发源地，又构成了社会生活的基本领域，还构成了社会发展的动力之源。

应该承认，公民意识教育不能甚至不可能在学校教育阶段全部完成，它需要终身教育。易言之，成年人公民意识的养成，与未成年人一样也需要坚持不懈的教育。正如亚当·斯密在《国富论》中所言：哲学家与挑夫的差别并不是天赋的差别，而是后天分工的差别。③ 毋庸讳言，在学校公民意识教育的基础上，实现成年人公民意识教育由说教式理论教育向真正的实践教育转变，之于中国人，的确不啻是一种文化的转换。一方面，应该认识到公民意识教

---

① 《马克思恩格斯选集》（第2卷），人民出版社1995年版，第32页。
② 《马克思恩格斯选集》（第4卷），人民出版社1995年版，第246页。
③ ［英］亚当·斯密：《国民财富的性质和原因的研究》，郭大力、王亚南译，商务印书馆1994年版，第22页。

育作为"人成其为公民"的塑造工程,① 应当贯穿于"人成其为公民"的全过程。另一方面,更要认清"要实现由人到公民的转变,某些过程注定是不可省略的过程——公民教育过程,并非我们经常所误解的那种教化过程,在其更深层的意义上,它毋宁是一种实践过程。因为,实践乃教育的真实本质,也是公民意识教育之精髓"。② 公民教育作为"人成其为公民"的塑造工程,"显然是'课堂式'说教所不能够完成的;相反,只有在真实的实践过程之

---

① Civic education is crucial in a liberal state, because no matter what institutions and freedoms are built into the basic structure of the state, their realization will always depend on the character and commitments of its citizens—and we cannot trust that children will "naturally" develop appropriate character and commitments without being specifically educated in liberal civic virtues. Meira (1999), The Demands of Liberal Education, Culture, Choice, and Citizenship: Schooling Private Citizens in the Square, (Oxford; New York: Oxford University Press), pp. 101-102.

② Citizenship Education may be narrowly or broadly conceived. In its narrow sense, citizenship education aims to produce "citizens capable of addressing in the ballot box political arguments posed by democratic debate", whereas in the broader sense its aim is to create "citizens who share in a common social endeavour". The narrow conception is education about citizenship, which is designed to produce informed or politically literate citizens. The Broader conception is education for citizenship, in other words, education which is intended to produce active citizens with a commitment to certain public values and practices. Citizenship education in this view includes not only political literacy but also moral and social responsibility and community involvement. There is a Third set of aims for citizenship education—to produce autonomous, critically reflective citizens who participate in political debate and three ways in which that aims of Citizenship Education be characterized will now be examined more fully. J. Halstead (2006), Citizenship and Moral Education: Value in Action, the Aims of Citizenship and Moral Education, (London; New York: Routledge), p. 35.

中，才可能实现'人成其为公民'的塑造"。① 公民意识产生于公民参与公共生活的社会实践，同时也必然会在实践中得到强化。

（二）法治实践是当代中国依法治国背景下公民意识教育的有效途径

如何在更深层次上开展公民教育尤其是公民意识教育，学界在肯定理论教育的同时，不约而同地提到了政治实践。如前所述，西方学者一方面认为，"在其本质意义上，主体性乃公民概念之灵魂。因此，公民的主体性培育在本质上就是公民灵魂的塑造"。② 另一方面确认，"只有真实的政治实践，才有可能塑造真实的公民"。③ 我国学者在系统考察清末民初的公民意识与公民行为的基础上，明确指出走出"国民程度低下"与"开明专制"的恶性循环的根本出路是"在民主实践中学着当公民"。④ 在总结新中国建国尤其是改革开放以来前十年社会主义法制建设经验教训的基础上明确指出，公民意识的成长关键在于实践，公民意识的提升与公民权利的实现是同一个过程。公民权利从法律规定向着普遍意识的过渡，既取决于具体的社会——政治环境的民主化程度，同时又取决于每个社会成员在具体实践中的推动。人们只有在具体的公民权利

① 江国华：《宪法与公民教育——公民教育与中国宪政的未来》，武汉大学出版社 2010 年版，第 8 页。

② In order for individuals to autonomously, they must first have developed the capacity foe autonomous action. Levinson, Meira（1999）, the Demands of Liberal Education, the Development of Autonomy,（Oxford；New York：Oxford University Press）. P36.

③ J Halstead. Citizenship and Moral Education：Values in Action[M].London；New York：Routledge, 2006. 35.

④ 陈永森：《告别臣民的尝试：清末民初的公民意识与公民行为》，中国人民大学出版社 2004 年版，第 477~488 页。

与义务实践的过程中，才能学会做公民。① 同时，我们也注意到，公民身份的获得及认同会有自身的本土资源和心理基础，当下中国社会的公民性，在内在结构上同样必然会在中国历史文化背景下公民社会形成的过程性和实践性中体现出来。② 这就需要我们紧密联系中国实际创造性地发展成年人公民意识教育的政治实践之道。

其实，无论是政治实践，还是民主实践，在依法治国的背景下去赏鉴，实际上主要是一种法治实践。政治与法律、民主与法治，从来就是两对难舍难分的孪生兄弟，所谓政法不分家、加强民主法治建设，往往表达的就是一个意思。以人大代表选举为例，从政治的角度讲，这无疑是政治实践，是国家政治生活中的一件大事；但从选民的角度讲，又是民主实践，是选民行使民主权利的一次实践；从法律的角度讲，又是选民以及候选人对选举法的践行，即法治实践。当然，这种统合，是有条件的，即只有在实行法治而不是人治的状态下才能实现。这里，还应当看到，法治实践较之一般的政治实践、民主实践而言，本身还具有更具可操作性和可控性的优势，即它是一种有序实践而不是探索式实践，更不是盲目实践，这也正是我国当前在政治体制改革和民主政治建设中所强调的"有序"之所在。今天，透过电视和网络等媒体，我们经常看到西方国家的公民动辄在街头举行游行示威活动，对政府发动或参与的伊拉克战争、政府出台的某项政策等表达不满诉求，或者因某些国家的霸权主义行径而直接对这些国家的领导人当面提出抗议，但因为这是在法治状态下的政治实践，因而这些行为多数基本上都能够和平收场；反观北非、中东地区的乱局，同样是政治实践，同样是民主实践，但结果往往却大相径庭，让我们不得不感叹法治的难能可

① 刘泽华：《论从臣民意识向公民意识的转变》，载《天津社会科学》1991 年第 4 期。

② 杨宜音：《当代中国人公民意识的测量初探》，载《社会学研究》2008 年第 2 期。

贵。今天，我国正在改革开放的背景下大力建设社会主义法治国家，轰轰烈烈的法治实践和互联网引发的信息革命已经给我国的公民意识教育提供了很好的舞台。因而，法治实践作为依法治国背景下一项公民意识教育的有效途径，应该受到高度重视。

四、公民意识教育：法治实践的附加价值和终极目标

（一）公民意识教育是推进依法治国基本方略实施的一项基础工程

依法治国作为基本治国方略，早已为我国宪法所规定。按照党的十五大报告的表述，依法治国，就是广大人民群众在党的领导下，依照宪法和法律规定，通过各种途径和形式管理国家事务、管理经济文化事业、管理社会事务，保证国家各项工作都依法进行，逐步实现民主的制度化、法律化，使这种制度和法律不因领导人的改变而改变，也不因领导人看法和注意力的改变而改变。从这一表述可以看出，广大人民群众是依法治国的主体，依法治国就是广大人民群众在党的领导下依照宪法法律管理国家和社会事务，管理经济和文化事业。广大人民群众依法管理国家事务、经济文化事业以及社会事务的能力高不高，直接关系到依法治国方略贯彻的好不好。从这一意义上讲，加强公民意识教育显然是推进依法治国基本方略实施的一项基础工程，是全面落实依法治国基本方略的重要举措。因为，公民意识教育作为一项"塑人成其为公民"的主体性培育工程，本质上就是培育广大人民群众对其治国理政的主体地位有明确而清晰的认知并形成积极践行的价值取向。每一个公民民主政治素质的好坏、自由平等意识的多少、法治正义理念的强弱、公民道德水平的高低，都会直接影响到依法治国的进程，决定着法治国家建设的成败。客观地讲，"人成其为公民"的问题没有解决或者解决得不够好，再好的法律制度也是徒有虚名，正所谓"徒法不足以自行"；况且一般而言，不能真正践行从群众到公民的转变，也不可能形成好的法律制度，更谈不上建设法治国家的问题。

只有切实加强公民意识教育，才可能更好地夯实依法治国的社会根基，并最终扎实推进依法治国基本方略的实施。

（二）公民意识教育蕴涵于法的诸价值之中

有关法的价值，学界看法不尽统一。英国学者彼得·斯坦和约翰·香德将秩序、公平（或正义）和个人自由归结为西方法律制度的三个基本价值。① 美国学者博登海默认为，法的基本价值有秩序、正义、自由、平等、安全和社会福利，其中秩序和正义是两种至关重要的价值，而安全、自由、平等和社会福利是隶属于这两种价值的价值。② 国内最流行的《法理学》教科书则将法的价值概括为"实行和实现对利益的调整、对人权的保护、对秩序的维护、对自由的保障、对正义的促成、对效率的促进"。③ 学者卓泽渊所著的《法的价值论》认为法的价值主要有秩序、效益、文明、民主、法治、理性、权利、自由、平等、人权、正义、人的全面发展等，并明确提出法的最高价值不是自由、不是正义，而是人的全面发展。④ 上述从不同视角得出的法的价值，貌似与公民意识教育关系甚远，实则蕴含了很多的公民意识教育内容。以下择取学界普遍公认的一些法的基本价值，在对立统一关系中对各自与公民意识教育的关系做一简要概述。

民主与法治作为一对范畴，同时都是学界普遍公认的法的重要

---

① ［英］彼得·斯坦、约翰·香德：《西方社会的法律价值》，王献平译，中国法制出版社 2004 年版，第 2 页。

② ［美］E·博登海默：《法理学：法律哲学与法律方法》，邓正来译，中国政法大学出版社 1999 年版，第 219~412 页。

③ 张文显：《法理学》（第 2 版），高等教育出版社 2003 年版，第 347页。

④ 卓泽渊：《法的价值论》（第 2 版），法律出版社 2006 年版，第 476页。

价值。一般来说，民主是法的理想，法治是法的重要目标。① 民主，简单地说就是多数人决定，世界各国的民主实践，从统治阶级内部的民主到人民民主，从作为国家制度的民主到作为社会意识的民主，民主曾经历和正在经历着翻天覆地的改变。在这一过程中，不断发展的民主始终是法的崇高理想之一。人类正是在不断的民主实践中认知自己在社会中的身份地位，并通过法的形式将其固定下来的，此即民主意识的养成和法定民主权利确认。无疑，人类追求民主的过程，既是民主实践，更是公民意识教育实践。而法治作为法的重要目标，早已为历史所证明。将法从纸上的规定外化为社会现实，尽管过程可能很曲折，但总是在不断地靠近法治，走向法治。在法治与民主的关系上，法治总是以民主为前提、为基础、为保障、为目标的。没有民主就没有法治。因而，与民主实践一样，法治实践事实上也蕴含着丰富的公民意识教育内容。

秩序与自由也是法律追求的重要价值。秩序以社会为本位，强调的是社会有序状态的建立与维持；自由以个体为本位，强调的是主体个性的发挥。在法的所有价值中，秩序是法的基础性价值，没有一种价值比秩序价值能够给予人类社会生活更直接、更广泛、更基本的影响。秩序无疑是人的全面发展的基础。在法的视域内，与作为法的基础价值的秩序相比较，自由一度被视作法的终极价值。一般来说，在法律上通常强调自由高于秩序。自由是主体在认识、顺应客观规律的基础上控制和驾驭客体，以及凭借理性和社会规范进行思维和选择自己的行为并承担相应责任的权利或状态。自由不是绝对的，它是主体意志与客观规律、自主行为与社会责任的统一。在古汉语中，"自由"基本上都是指由自己作主、不受限制和拘束，如汉代郑玄注《周礼》中的"去止不敢自由"；汉乐府《焦仲卿妻》（又名《孔雀东南飞》）中的"吾意久怀忿，汝岂得自

---

① 卓泽渊：《法的价值论》，法律出版社1999年版，第238页、第263页。

由"，等等。在英文中，"自由"通常有两种表达方式，一是 free-dom，源于日耳曼语，12 世纪前就已出现，其意是指原始社会中无任何羁束的自然生活状态，又指一户人家中除奴隶之外的成员；二是出现于 14 世纪的 liberty，源于拉丁文 libertas，即古罗马名叫"利伯"的神，也就是酒神狄俄尼索斯，后转指从被束缚、被虐待中解放出来。① 英语对"自由"的上述两种表达方式，虽然从词源上讲略有区别，但都有独立、自主、不受羁束的含义。其中"独立"意味着人身依附的解除和人格的独立，而"自主"则意味着个人凭借理性选择自己的行为并承担由此带来的责任。"法律按其真正的含义而言与其说是限制还不如说是指导一个自由而又智慧的人去追求他的正当利益……法律的目的不是废除和限制自由，而是保护和扩大自由。"② "自由就是从事一切对别人没有害处的活动的权利。每个人所能进行的对别人没有害处的活动的界限是由法律规定的，正像地界是由界标确定的一样。"③ "在法律中自由的存在具有普遍的、肯定的、合乎人的本性要求的性质，哪里的法律真正实现了人的自由，哪里的法律就成为真正的法律。因此，法律不是与自由相背离的东西，更不是压制自由的手段，法典是人民自由的圣经。"④ 自由作为法的终极价值，不仅意味着法律应当以自由为目的，还意味着法律应当以自由为内容。1789 年，法国《人权宣言》第一次用法律形式对"自由"进行了明确规定："自由就是指有权从事一切无害于他人的行为。因此，个人的自由权利的行使，只能以保证社会上其他成员享有同样权利为界限。此等界限仅得由法律

---

① 胡平仁：《法律社会学》，湖南人民出版社 2006 年版，第 152 页。

② ［英］洛克：《政府论》（下篇），商务印书馆 1996 年版，第 35～36 页。

③ 《马克思恩格斯全集》（第 1 卷），人民出版社 1956 年版，第 438 页。

④ 《马克思恩格斯全集》（第 1 卷），人民出版社 1956 年版，第 71～72 页。

规定之。"我国《宪法》也明确规定，公民在行使自由和权利时，不得损害国家、社会、集体的利益和其他公民的合法的自由和权利。法的自由价值不仅要建立在一定的秩序基础之上，而且要建立在平等的基础之上。换言之，自由的法律首先必须是平等的法律，否则自由就会沦为少数人的特权，自由的法律就会变成专制的工具。

平等与身份同样是法追求或曾经追求的重要价值。"一切人，至少一个国家的一切公民或一个社会的一切成员都应当有平等的政治地位和社会地位。"① 平等是相对于身份（差别待遇和特权）而言的，是建立在身份存在的事实（包括社会事实和法律事实）基础之上的，没有身份就无所谓平等。身份可能是人类有史以来就存在的一种社会现象，《现代汉语词典》的解释是"自身所处的地位"②，《汉语大辞典》的解释是"出身和社会地位"③，《辞海》的解释是"出身、地位或资格"④。身份从形式上讲是个人、群体或组织在社会中得以识别的一种社会指征，是一种识别码，即 identity，从实质上看，身份即 status，往往与职业、名分、威望、权力、权利和资格等相关联，意味着差别待遇和特权。"从身份到契约"而出现的平等（equality），一般是指人或事物在同一标准下被同等对待。从法学的角度看，平等主要是人们相互之间法律地位的平等，易言之，即法律平等。⑤《世界人权宣言》第 1 条就开宗明义地规定："人人生而自由，在尊严和权利上一律平等……"第

---

① 《马克思恩格斯选集》（第 3 卷），人民出版社 1972 年版，第 145 页。

② 《现代汉语词典》（增补本），商务印书馆 2003 年版，第 1119 页。

③ 《汉语大辞典》（下卷．缩印本），汉语大辞典出版社 1997 年版，第 6213 页。

④ 《辞海》（1999 年版缩印本），上海辞书出版社 2000 年版，第 2375 页。

⑤ "法律平等"不同于"法律面前人人平等"，"法律平等"不限于法律面前的平等（法律实施的平等），还包括立法、执法、司法、守法平等。

7 条规定："法律之前人人平等，并有权享受法律的平等保护，不受任何歧视。人人有权享受平等保护，以免受违反本宣言的任何歧视行为以及煽动这种歧视的任何行为之害。"其后多处对法律适用平等、家庭地位平等等作了明确规定。我国 1982 年《宪法》、《刑事诉讼法》、《民事诉讼法》、《人民法院组织法》、《人民检察院组织法》等也都有规定。平等与身份作为法律的两种重要价值，在现代法治产生之前，身份是法律的普遍价值，平等是法律的特殊价值；现代法治产生之后情况发生了迥异，平等是法律的普遍价值，身份则是法律的特殊价值，即"一个社会面对因形式机会与实际机会脱节而导致的问题时，会采取一种方法，即以确保基本需要的平等去补充基本权利的平等；而这可能需要赋予社会地位低下的人以应对生活急需之境况的特权"。①

公平与正义一度被视为法的最高价值。法的公平价值与法的平等价值紧密联系。公平，简单地说，就是对于同类主体或事项的同等对待。与平等相比较，公平更注重的是不特定当事人的共同评价而不是特定当事人之间的利益关系。与作为法的生产价值的效率相比较，公平是法的分配价值。公平常常被人们视为法律的基本精神。"真正的和真实意义上的公平乃是所有法律的精神和灵魂，实在法由它解释，理性法由它产生……制定法之下的公平原则就是同等地对待同类案件，制定法之上的公平原则就是根据人的理性和情感而做出的公平的判决。"② 公平对法的意义，集中体现为公平是法律的指导，保障公平是法律的重要目标。今天，不论是大陆法系还是英美法系，无论其法律渊源有怎样的不同，公平始终是两大法系法律与司法重要的指导和所共同追求的目标。法的正义价值，通

---

① ［美］E. 博登海默：《法理学：法律哲学与法律方法》，邓正来译，中国政法大学出版社 1999 年版，第 287 页。

② ［美］金勇义：《中国与西方的法律观念》，陈国平、韦向阳、李存捧译，辽宁人民出版社 1989 年版，第 79 页。

常被视作法的综合价值。"正义"是一个涉及个人行为和人际关系安排的范畴，一般是指具有公正性、合理性的事物或行为，或恰当地分配利益和责任的状态。① 古代中国，正义常常是与邪恶、利益相对而言的；在西方，正义常常与权利、利益、地位和待遇紧密联系在一起。"一个社会体系的正义，本质上依赖于如何分配基本的权利和义务，依赖于在社会的不同阶层中存在的经济机会和社会条件。"② 于是，正义不仅与道德相联系，而且与法律相同，并成为评价法律的一个重要标准。从法律和法学的角度看，正义来源于民主与法治、秩序与自由、平等与身份、公平与效率等对立价值的平衡，是法的上述种种价值的综合体现。

（三）公民意识教育是法治实践的终极目标

在法理学教科书中，一般将教育理解为法的作用，而且这种教育主要是守法教育抑或法治教育。这里首先涉及作用与价值的区分问题。一般而言，作用是一个中性词汇，既包含积极作用，也包含消极作用，具体到法的作用，通常有法的规范作用与法的社会作用之分。而价值，仅指对主体的有用性。从哲学的意义上讲，价值（value）既是一个表征关系的范畴，即反映作为主体的人与作为客体的外界物（自然、社会等）的实践——认识关系，其揭示的是人的实践活动的动机与目的；又是一个表征意义的范畴，即用以表示事物所具有的对主体有意义的、可以满足主体需要的功能与属性，因而从始源意义上看，价值经常被界定为客体满足主体需要的积极意义或客体的有用性。法的价值，亦称法律价值，从学术用语的角度来考察，并非中国法律传统固有的概念，而是从西方法学移植而来的概念，通常是指法律在发挥社会作用的过程中能够保护和增加哪些价值，如保护人身安全、财产安全、公民的自由、社会的

① 胡平仁：《法律社会学》，湖南人民出版社2006年版，第169页。
② ［美］罗尔斯：《正义论》，何怀宏、何包钢、廖申白译，中国社会科学出版社1988年版，第5页。

公共福利、经济的可持续发展、善良风俗的维持，环境的保护与改善等。这些价值构成了法律所追求的理想与目的，因而一般将这些价值称为法的目的价值。① 本书使用"价值"一词，实际上就是意在从积极作用的角度探寻法的教育作用。

法的教育价值，表面看是守法教育抑或法治教育，深层次看实际上是公民意识教育。与未成年人一样，成年人在社会中成就一个"公民"人格与品格的完善，也需要教育，而且主要是社会教育。而这种教育在相当程度上是依靠法律来完成的，亦即"现代法律的精神——法律的全部目的在于教育，而不是惩戒"。② 因为，法律，特别是现代法律，体现的正是"公民"人格与品格所需要的——人的全面发展——这样一种法律精神。黑格尔在《法哲学原理》中提到希腊教育史上的一次对话同样高度概括了法所蕴含的公民意识教育价值。一个父亲问："要在伦理上教育儿子，用什么方法最好？"毕达哥拉斯派的人曾答说（其他人也会作出同样的答复）："使他成为一个具有良好法律的国家的公民。"③ 法所具有的这种公民意识教育价值，既可以从法学教育的目标和功能中初见端倪，正所谓"作为一项特殊的素质教育，法学教育的目标和功能归结起来，可以说有两项：一是把学生培养成为高素质的优秀公民，二是把学生培养成为高素质的法律职业工作者"。④ 这更是作为法的最高目标的人的全面发展的应有内涵。

客观地讲，在法的视域范围内，将自由、公平、正义等视作法的终极价值都有各自的道理，但一旦跳脱这一窠臼，从更大视野范

---

① 张文显：《法理学》（第 2 版），高等教育出版社 2003 年版，第 362 页。

② 沈敏荣：《市民社会与法律精神》，法律出版社 2008 年版，第 24~28 页。

③ ［德］黑格尔：《法哲学原理》，商务印书馆 1982 年版，第 172 页。

④ 张文显：《法理学》（第 2 版），高等教育出版社 2003 年版，第 11 页。

围内审视法的价值，法正是藉由对自由、公平、正义的追求，最终
实现促进人的全面发展。"法相对于人，相对于人的全面发展来
说，法只是手段或者工具。法是人的创造物，它要凌驾于任何具体
的个人之上，而不能凌驾在作为整体的人之上，也不能凌驾于抽象
的人之上。否则，就是法的异化，就是对其主体——人自己的反
动。"① 法作为人为其自身制定的行为准则，在根本意义是为人服
务的，亦即人才是法的目的。用人的全面发展来统率整个法的价
值，从根本上讲是符合最高价值所具有的终极的价值意义的。

马克思主义特别重视人的发展。在《1844 年经济学哲学手稿》
中指出，共产主义是使人以一种全面的方式，作为完整的人占有自
己的全面的本质。《共产党宣言》把人的发展概括为"每个人的自
由发展是一切人的自由发展的条件"。《资本论》认为每个人的全
面而自由的发展是共产主义的基本原则。② 人的全面发展首先是在
各个方面的发展。"个人的全面性不是想象的或设想的全面性，而
是他的现实关系和观念关系的全面性。"③ 一切人的全面性也是如
此，包括人的潜能的充分发挥、人与外部世界的协调统一、人对主
观世界的全面改造、人自身需要的全面满足并达到了高度自由的最
高境界等。其中最主要的有人的能力的发展、人的社会关系的发展

---

① 参见卓泽渊：《法的价值论》（第 2 版），法律出版社 2006 年版，第
476、473 页。需要说明的是，学界关于法是目的即"目的论"的观点，仅应
当是相对于权力而言的，即任何权力都不能超越法。并且都应当为法的实现
服务。关于法是工具或手段即"工具论"、"手段论"的观点，如果将法绝对
化地作为手段或者工具对待，采取完全的实用主义态度，有用时用之，无用
时弃之，则大错特错。至于法既是手段（工具）也是目的的观点，关键依然
是搞明白它是相对于谁而言的手段或者目的。

② 袁贵仁：《马克思的人学思想》，北京师范大学出版社 1996 年版，第
276 页。

③ 《马克思恩格斯全集》（第 46 卷），人民出版社 1960 年版，第 36 页。

和人的个性的发展。① 在人的能力发展、人的社会关系的发展和人的个性发展中，表现为自主性、独特性以及对自己活动调控力的人的个性发展程度是人的发展程度的重要标志。人的全面发展是人的自由发展。自由的主体永远是人。人按照自己的需要和尺度成功地改造世界，是人的自由发展的基本内容。"个人的全面发展，只有到了外部世界对个人才能的实际发展所起的推动作用为个人本身所驾驭的时候，才不再是理想、职责等，这也正是共产主义者所向往的。"② 只有"人终于成为自己的社会结合的主人，从而也就成为自然界的主人，成为自己本身的主人——自由的人"的时候，人的全面发展才成为现实。③ 因此，全面发展的人是一种全新的人，他们应当是不同于历史上任何时代的人。社会发展到这个阶段，"用整个社会的力量来共同经营生产和由此而引起的生产的新发展，也需要一种全新的人，并将创造出这种新人来"。④ 这种新人，实际上就是具有良好公民意识的现代公民。由人到公民的转变是人类自身发展的一大飞跃，其意义堪比由猿到人的转变。如果说，"人猿揖别"完成了人类成其为人的生理学意义上的进化，那么由人到公民的转变则实现了人类成其为主体的社会学意义上的飞跃。而要实现由人到公民的转变，公民意识教育就是一个不可省略的过程。因而，人的全面发展作为法的最高目标，自然应当将公民意识教育纳入其自身的价值追求。法具有的这一价值追求，本质上是作为社会存在的法对作为社会意识的公民意识决定作用的现实体现，也是作为制度文明的法对作为精神文明的公民意识的必然要求。

---

① 袁贵仁：《马克思的人学思想》，北京师范大学出版社 1996 年版，第 282~290 页。

② 《马克思恩格斯全集》（第 3 卷），人民出版社 1960 年版，第 330 页。

③ 《马克思恩格斯选集》（第 3 卷），人民出版社 1972 年版，第 443 页。

④ 《马克思恩格斯选集》（第 1 卷），人民出版社 1972 年版，第 222~223 页。

最后需要说明的是，尽管从人的全面发展是法的最高价值的视角看，法的终极目的应当服务于公民意识教育，但实际的问题是，具体的立法、执法、司法等法治实践只有首先按照法治精神解决好各自所应当调整的社会关系，才有可能进一步开展公民意识教育。在实际生活中，如果将遵循法治精神处理各类社会关系称为法治实践的基本价值的话，那么公民意识教育就是法治实践的附加价值。法治实践的遵循法治精神处理各类社会关系的基本价值和公民意识教育的附加价值，共同构成了法治实践价值的全部。只看见法治实践的基本价值，而忽视其公民意识教育的附加价值，基本价值的实现要么步履维艰，要么就成为一种事实上的不能；而脱离法治实践的基本价值，公民意识教育的附加价值也就成为无源之水，无本之木。我国在法治建设进程中，不但应着力加强法治实践基本价值的实现，也应当重视法治实践的公民意识教育附加价值之实现。

基于以上认识，笔者认为，当代中国，在大力推进社会主义法治建设的进程中，着力彰显法治实践的公民意识教育价值不但是必须的，而且是可能的。讲彰显法治实践的公民意识教育价值是必须的，主要是因为，法治发达国家和我国 30 余年的法治实践已经证明：在法治社会建设过程中，要使公民尽快成为优秀的"公人"、"政治人"，法的公民意识教育作用日益突出；讲彰显法治实践的公民意识教育价值是可能的，主要在于，不但世界范围内各国的法治实践给我们提供了大量可资借鉴的公民意识教育经验，而且随着依法治国方略被载入宪法，我国社会主义法治实践正在各领域有序展开。社会主义法治建设已经和正在为实现法治实践的公民意识教育价值创造难得的历史契机和良好条件。

第二章　法治实践的公民意识
教育价值之实现

在人类社会进入资本主义之前，市民社会①在创造国家之时反

---

　　①　严格说来，"市民社会"与"公民社会"不是一个概念，二者不能划等号。"市民社会"用以概括从物质生产和个人交往中产生和发展起来的一切社会关系和组织。它是随着近代市民资产阶级的兴起，其经济关系逐渐摆脱了古代的和中世纪的政治共同体而具有了独立意义，从而在18世纪资产阶级思想家的著作中开始出现的一个术语。黑格尔将市民社会看作是私人利益的体系，认为个人是市民活动的基础，市民社会依附于国家。马克思批判地继承了黑格尔的思想，把市民社会看作是市场经济中人与人的物质交往关系和由这种交往关系所构成的社会生活领域，即"在过去一切历史阶段上受生产力所制约，同时也制约生产力的交往形式，就是市民社会"。[参见《马克思恩格斯全集》（第3卷），人民出版社1965年版，第40页。]而"公民社会"最早出现在亚里士多德的《政治学》中，指的是"城邦国家"或"自由和平等的公民在一个合法界定的法律体系之下结成的伦理——政治共同体"。公元前1世纪时，古罗马政治理论家西塞罗将其转译为拉丁文，"不仅指单个国家，而且指业已发达到出现城市的文明政治共同体的生活状况"，在保留"政治社会"含义的同时，更多的带有"文明社会"的含义。17~18世纪，适应近代资本主义生产方式发展的要求，洛克、孟德斯鸠、卢梭等资产阶级思想家，主张人类最初是生活在无政府的自然状态之中的，但这种自然社会由于缺乏和平、安全、人身保障等，要通过权利让渡并订立社会契约的方式过渡到公民社会。于是，"公民社会"获得了与自然状态相对应的含义，与

过来同时被政治国家所殖民化，从而实现了市民社会与政治国家的异化与同一，并集中表现为治理方式上的人治专权、经济发展上的自给自足和精神生活的宗教权威等的机械构架，进而发展成为套在劳苦大众头上的沉重枷锁。强权的绝对权威吞噬了社会成员的主体自由，从而逐步衍生了自然主义生活图式下单向度服从的犹如"群畜意识"般的"臣民意识"，公民意识根本无从谈及。①资产阶级革命后，公民意识通过英国、美国、法国等早期资

（接上注）"政治国家"是同义语，指的是人们生活在政府之下的一种法治的、和平的政治秩序。作为对自由竞争时期资本主义"公民社会"与"政治国家"相分离的社会现实的观念反映，现代意义的公民社会理论在黑格尔和马克思那里形成。20 世纪以后，随着资本主义由自由竞争阶段进入垄断阶段，公民社会观念也进入新的发展时期。20 世纪 30 年代，西方马克思主义者葛兰西，通过对发达国家无产阶级革命道路的深刻反思，提出了"文化领导权"的思想，赋予了公民社会新鲜的文化生命，开创了从社会文化意义上研究公民社会的理论传统，启动了公民社会观念的当代转向。经过帕森斯的"社会共同体"、前期哈贝马斯的"公共领域"和后期哈贝马斯的"生活世界"，被称为"后马克思主义者"的当代美国政治学家科亨和阿拉托，通过对 20 世纪资本主义和社会主义在发展过程中所遇到的各种问题的深刻反思，提出了"重建公民社会"的理论主张，认为应该把经济领域从公民社会中分离出去，把社会组织和民间公共领域当作公民社会的主体，并系统提出政治社会—经济社会—公民社会三分的社会生活划分模式，从而完成了将公民社会指向社会文化领域的当代转型。本书为了使用的方便，除特别说明外，基本在同等意义上使用二者。

① 马长山：《公民意识：中国法治进程的内驱力》，载《法学研究》1996年第 6 期。

产阶级宪法①的实践完成了从一般政治伦理观念到法的基本原则的转变。② 资产阶级国家公开以宪法的形式宣布社会成员为具有独立主体资格和享有充分人权和公民权的公民，世界范围内的具有现代意义的公民意识由此逐步诞生。由此看来，"公民意识是市民社会和政治国家二元化进程中政治解放和人的解放的产物，它呈现的是民主政治和市场经济相适应的主体自由追求和理性自律精神"。③ 在这一二元化进程中，法治不但完成了自身的解放，而且逐步实现了人由臣民意识向公民意识的质的飞跃。迄今为止的经验证明，几乎所有成功的法治国家，都有一套与其法治体制相适应的包括公民意识教育在内的较为成熟的公民教育体系。也正是这套相对成熟的公民教育体系，为其法治国家的生成与发展培育了适宜的根基、环境和氛围。这套相对成熟的公民教育体系，貌似游离于法治之外，实则深深地扎根于法治土壤之中。考察法治发达国家与我国改革开放 30 余年的社会主义法治实践进程，公民意识教育寓于法治实践的特点尤为明显。

一、公民意识教育寓于法治实践的历程

（一）社会优位型法治模式形成和发展过程中的公民意识教育

社会优位型法治模式，主旨在于保障市民社会权利、个人自由和限制国家权力。其核心是"法的统治"，即国家和社会事务及人的活动都必须接受且只接受理性、正义之法的统治，即使最高统治者也不例外。这是一种实质意义上的法治。英国、美国等英美法系

---

① 如英国的《自由大宪章》（1215 年）、美国的《独立宣言》（1776 年）、法国的《人权和公民权利宣言》（1789 年）等宪法性文件。

② 潘叔明：《公民意识的发展和价值》，载《福建论坛（社科教育版）》1987 年第 1 期。

③ 马长山：《国家、市民社会与法治》，商务印书馆 2002 年版，第287~288 页。

国家大致遵循这种法治模式。上述国家的公民之所以具有很高的公民意识，在很大程度上得益于这一法治模式在这些国家的长达几百年的实践。

"在所有欧洲国家中，英国是封建化最彻底的国家。"① 然而，历史的戏剧性发展很快就表明，在欧洲大陆国家主权日益强大并走向君主专制时代的时候，英国王权的增长却反而受到贵族和市民阶级力量的有效遏制。从 1215 年的《自由大宪章》到 1258 年的《牛津条例》，再到 1628 年的《权利请愿书》、1676 年的《人身保护法》、1689 年的《权利法案》和 1701 年的《王位继承法》，从1258 年宫廷会议到 1265 年的伦敦会议②，再到 1343 年上下两院的形成，英国王权不断受到法律的限制和议会的制约。在这一过程中，"没有一种旧因素彻底消亡，也没有一种新因素彻底胜利，或者某一种原则取得了独霸优势。各种力量总是在同时发展，多种利益和要求总是在折中调和"。③ 以《自由大宪章》为例，集中体现了王权的有限性原则和社会的法治精神，如国王不得违例征收领地继承税；无全国公意许可，国王不得向直属附庸征收任何免役税和贡金；取消国王干涉封建主法庭从事司法审判的权利；保障教会享有选举教职人员的自由；任何自由民未经同级贵族的依法审判不得被逮捕、监禁、没收财产、剥夺法律保护权、流放或加以任何其他伤害等，多数条款维护贵族和教士的权利。从《自由大宪章》规定看，明显是对王权的限制，国王如违背《自由大宪章》，按照相关规定可由 25 名贵族组成的委员会对国王使用武力。中世纪英国形成的这种权力均衡机制，是一种以法律和议会为基础的国王、市

① 程汉大：《英国政治制度史》，中国社会科学出版社 1995 年版，第 38 页。

② 1265 年的伦敦会议被史学界视为近代议会的起源。

③ ［法］基佐：《欧洲文明史——自罗马帝国败落起到法国革命》，程洪逵等译，商务印书馆 1998 年版，第 218 页。

民和封建贵族相互结盟以遏制另一方不占绝对优势的机制，这种权力均衡机制为近代英国市民社会的成长和扩张创造了极为有利的条件和机会，同时创造了一种宽容和自由的社会精神，从而逐步形成了英国反抗王权、维护权利的自由主义传统。建立在《自由大宪章》等宪法性文件基础之上的这种权力均衡机制，"无疑加速了英国市民社会及其契约经济的发展进程，使其市民社会的力量日益壮大，并逐渐能够左右国家前进的方向"。① 1400～1600 年，当时在欧洲大陆的法国和意大利，没有统一的本国市场，也没有与资产阶级利益相结合的强有力的国家机器，因而即使有一大群受过法律训练的专业人员为资产阶级服务也无济于事。但在英国却有这些条件：资产阶级的法律意识形态已成为国家权力为它服务的公开理由。当时，法国资产阶级新贵族仍用现款和永久租费买下"直接所有地"，有时甚至连领主称号也一同买下，使他们可以用金钱获取他们非贵族出身不能使其作为与生俱来的权利而获得的东西，而英国则通过土地法律变革来摧毁地方封建统治权力，使资产阶级土地法观念已经开始势不可挡地深入人心了。商人法被宣布为英国普通法的一部分，普通法法庭趋向于"资产阶级契约理论"，下院逐步成为"资产阶级的斗争阵地"。② 英国资产阶级革命胜利后，一度被视为英国封建专制时代的特权法庭的"星座法庭"等被废除，使政府权力置于普通法和普通法院的控制之下，实行控权式法治。1689 年的《权利法案》更是以制定法的形式宣布了以法的统治为宪法原则的宪法文书，使英国自由的传统原则得到重申、确认和进一步弘扬，形成并发展了英国"受法律的统治且只受法律的统治"的法治模式。该模式要求"除了代议制立法机构的权力之外，所

---

① 马长山：《国家、市民社会与法治》，商务印书馆 2002 年版，第 103页。

② ［美］泰格、利维：《法律与资本主义的兴起》，纪琨译，学林出版社1996 年版，第 200～215 页。

有政府权力都应当由适当明确的法律来分配和限定"。① 如此一来，作为市民社会代表的英国议会，就获得了至高无上的主权地位，并通过"法的统治"把国家公权力框定在法律规则之内，以制约国家公权力来保护公民个人的自由和权利，使国家公权力服从并服务于市民社会的权利、利益主张及其要求，从而形成一种"自由民主"的社会优位型法治模式。这种以法律和议会为基础的法治模式在英国的形成和发展过程中，应当说，任何一点法治的进步，诸如委任立法、无罪推定、自然公正法律原则等的确立，都充满了贵族、教会、市民与王权之间的多元对抗与妥协。也正是这种在法案和议会内的不断博弈，进一步推动了英国公民意识的觉醒，客观上起到了公民意识教育作用。这种公民意识的觉醒与公民意识教育作用的体现，即使是在纯君主制盛行的都铎王朝时期，人们也能隐约看到"民主的原则、公众的力量在同时兴起和壮大"。②

美国是被马克思誉为"最先产生了伟大的民主共和国思想"、"宣布了第一个人权宣言"③ 的国度，其国民有着较强的公民意识。然而，美国人的公民意识教育恰恰始于一份 1620 年的《"五月花

---

① ［英］W. IVOR. 詹宁斯：《法与宪法》，龚祥瑞等译，生活·读书·新知三联书店 1997 年版，第 34 页。

② ［法］基佐：《欧洲文明史——自罗马帝国败落起到法国革命》，程洪逵等译，商务印书馆 1998 年版，第 218 页。

③ 具体见马克思：《国际工人协会致美国总统阿伯拉罕·林肯》、《马克思恩格斯给美国人的信》，人民出版社 1986 年版，第 150 页。

号"公约》的文件。① 1649 年通过的《马里兰信仰自由法案》，保证所有的基督教徒都有信仰自由，使美洲大陆的公民意识向前推进了一步。众所周知，1776 年独立前的美洲大陆的人，既是大英帝国的臣民，又是弗吉尼亚、马萨诸塞等英国殖民地的公民。1776年通过的《独立宣言》，肯定了政府的职责是保障人的天赋权利并宣称"人人生来就是自由平等的"，从而吹响了人们反对英国殖民统治、争取民族独立斗争的伟大号角，激发了广大人民的民主主义精神，同时也掀起了一场轰轰烈烈的公民教育运动。美国在建国初期和之后很长一段时期，在法律上主要沿用英国普通法，以控制国家权力思想为主导的公民意识正是在英国普通法实践的过程中得以彰显。与英国的法治实践显著不同的是，后来的美国法治，为了克服英国议会主权不受法律拘束等弊端，进而确立了以对立法机构加以限制为主旨的司法审查制度，以及旨在保护人权的正当法律程序原则，既发展了发端于英国的"自由民主"社会优位型法治模式，又进一步拓展了公民意识教育的内涵与形式。第二次世界大战以后，美国人又于 20 世纪 60 年代末 70 年代初掀起了工人运动、妇女运动、学生运动、争取黑人民权反对种族歧视的抗暴运动和反战民主运动的新高潮。试想，如果不是女权运动的推动，美国妇女的公民权利也无法实现，其公民意识势必仍然受到压抑；同样，美国黑人正是在反种族歧视斗争中实现了选举权等权利，才促进了其公民意识的提高。所以说，一部美国法治发展史，从某种意义上讲，

———————

① 1620 年 11 月 11 日，被后来的美国人称作"移民始祖"的 102 名英国独立派的男人和女人，为了达到远离英国政府控制的目的登上了驶向美洲大陆弗吉尼亚的"五月花"号帆船。上岸前其中的 41 名成年男子共同签署一份后来被称为《"五月花号"公约》的文件，并根据该公约宣布自愿结成平等的公民政府，制定自己的法律、章程和官职机构。这份《"五月花号"公约》，为在新大陆上建立自治和法治打下了基础；因而成了美洲新大陆上进行公民教育的最初的重要内容。

也是美国人的公民意识教育历史的演进过程。①

（二）国家优位型法治模式形成与发展过程中的公民意识教育

国家优位型法治模式，主张国家依法进行统治或依法施政，即"依法律之方法，正确规定并确保国家作用之方向与界限，以及市民自由之领域"。② 与英美法系国家所强调的法大于国家不同，这种法治模式是以康德、卢梭的"公益"、"人民主权"思想来立论，强调国家大于法，并且注重实证主义。这是一种形式意义上的法治。德国、日本等大陆法系国家大致遵循这种法治模式。上述国家的公民意识教育，深深扎根于这一法治模式的形成和发展之中。

16 世纪的德国，政治上还处于分裂状态，市民社会发展很慢，议会中的市民社会代表很小，议会基本上成为封建贵族的表决器。德国"资产阶级甚至连自己的公民自由和自己的统治所必需的生存条件都没有来得及取得就卑贱地做了君主专制制度和封建制度的尾巴"。③ 1848 年德意志革命后，新兴资产阶级与容克④相妥协而建立了德国的宪政体制，与西欧其他国家的市民社会先于政治国家的改革不同，德国实行所谓"自上而下的现代化"，即"逆向型改

---

① 在美利坚共和国的历史发展中，为维护资产阶级民主共和制，美国历代政治家、思想家都非常重视并且自觉地进行公民教育。尽管在美国我们似乎找不出有哪一个部门是专门从事公民教育，但正如美国前总统布什所说，美国全国就是一所学校，全体人民都是里面的学生。他这里所说的是一般意义上的教育，但这个教育很大程度上泛指了公民教育。参见高峰：《美国人的公民意识对我们的启示》，载《首都师范大学学报》2000 年增刊。

② 黄国瑞：《法治国思想与法之支配理论》，载《宪政时代》1990 年第3 期。

③ 《马克思恩格斯选集》（第 1 卷），人民出版社 1972 年版，第 316 页。

④ 容克是德语 Junker 一词的音译，原指无骑士称号的贵族子弟，后泛指普鲁士贵族和大地主。

革"的形式。① 后世流传甚广的一则著名故事在一定程度上可以印证这种改革的逆向性。18 世纪时的普鲁士王国，腓特烈二世的"莫愁宫"边有座磨坊挡住了视线，腓特烈二世多次试图买下但未成功，后来就扬言要对其没收。对此，磨坊主人回答说："柏林仍然有个法院嘛！"② 这个故事是否确有其事后世已无从考证，但流传至今至少说明"开明专制"在德国显然很有市场，后来的"逆向型改革"也就不足为奇。然而，人们很快就发现，宪法颁布是颁布了，法治国家宣布是宣布了，但德国实际上仍然是个警察国家。于是，在议会内外，围绕"法治国家"的斗争和讨论不绝于耳，"外表性立宪主义型的市民宪法"③ 受到了广泛质疑，直至 19 世纪独立的行政法院的创立，人们才找到了防止行政权力盲目扩张和保障公共法律及其个人主义的基本权利原则的安全卫士。正是从基本法律宣示德国成为法治国家到独立行政法院创立的这一漫长过程，推动了德国市民社会的大发展和公民意识的进一步觉醒，德国"法治国"实践的公民意识教育作用由此可见一斑。

　　日本公民意识现代化的进程与德国有诸多相似之处，从某种意义上讲就是学习德国"法治国"的理论和实践，对其国民的公民意识进行了自上而下的改造。在日本，幕藩体制下的日本民众在本质上是臣民，处于受奴役的地位。受福泽谕吉、森有礼、木户孝允、陆羯南等人提出的"铸造近代日本国民"思想的影响，明治政府通过"去地域化"——政治集中的制度化实践、"去身份化"——政治扩大化的制度变革、"构建传统"——国民教育的制

---

　　① ［日］杉原泰雄：《宪法的历史——比较宪法学新论》，吕昶、渠涛译，社会科学文献出版社 2000 年版，第 40 页。

　　② ［英］弗雷德里希·奥古斯特·哈耶克：《自由宪章》，杨玉生等译，中国社会科学出版社 1999 年版，第 306 页。

　　③ ［日］杉原泰雄：《宪法的历史——比较宪法学新论》，吕昶、渠涛译，社会科学文献出版社 2000 年版，第 42 页。

度化实践等自上而下的国家强制的方式，成功地创造出日本式的国民化渠道，催生了近代日本民众对国家的忠诚和认同。在"去地域化"方面，明治政府通过天皇亲政和奉还版籍、废藩置县的改革，建立了日本的现代国家基本框架。其中通过实行天皇亲政制度，实现了权力从幕府到天皇的回归；从"版籍奉还"到"废藩置县"，实现了国家主权的统一，从而为近代日本民众产生对国家的认同提供了最基本的制度基础。通过公布《户籍法》（1871年），推行户籍制度改革，横向的"国民"观念开始登场；通过颁布学制（1872年太政官布告第214号），以"劝学"来引导民众从封建秩序下解放出来，唤醒其国民意识，成为具有近代精神的国民；通过模仿法国和德国等西方国家，在一个较短的时间内，制定了《宪法》、《民法》、《商法》、《刑法》、《刑事诉讼法》、《民事诉讼法》等一系列法典，强制性确定了民众同等的权利和义务，创造了法律地位平等的主体，从而为创造均质性国民即"平等地位的民众"提供了基础。在"去身份化"方面，通过废除武士特权，实现"四民"（皇族、华族、氏族和平民）平等，瓦解日本社会长期存在的等级身份制度；通过颁布《明治宪法》（1889年），推行立宪政治，客观上成为国民"公民"特质大发展的法律平台；通过颁布《郡区町村编成法》、《府县会规则》、《地方税规则》（1878年）、《区町村会法案》（1880年）、府县制和郡制（1890年），建立了地方各级自治制度，地方自治制度推动了近代日本国民的铸造，锻炼了民众的公共参与意识及承担国事的行政能力，也培养其爱国心、独立性和名誉心，增强了对国家的责任感，对铸造近代日本国民明显发挥了积极作用。在国民教育方面，明治政府成立后，利用强力成功地建立了一套整合民众的教育体制，创造出日本式的国民化教育渠道，建立起天皇主义的意识形态的统治地位，成功地催生了近代日本民众对国家的忠诚和认同。此外，在这一国民铸造进程中，社会底层民众希望成为具有公民权利和自由的国民，由此采取了自下而上地对政府的强权专制进行抵抗以促使其开放权利的方式，自由民权运动等"去奴仆化"的抗争在国民形成方面发挥了巨大作用。地方自治也逐渐成为民权者争取权利同政府斗争的舞台，村落共同体开始从传统的"统治手段"逐步转变为作为"抵抗手段"的自治组织，民众逐渐有了个人意识和政治意识的觉醒，逐步培养起与政府对抗和博弈的精神和技能，因而又为日本近代民主的发展提供了舞台。亦即地方自治客观上铸就了民众作为"公民"的特质，虽然其受到压制，但从国民形成的角度看，它功不可没。然而，从总体上讲，两种国民铸造动力作用的结果是，来自政府方面的影响力远远大于来自自由民权运动及以后的大正民主党人的影响力，日本近代国民铸造在很大程度上变成为国家臣民的铸造。① 以致时至今日，日本依然很难称得上是公民意识极高的国度。但是，正如戈登所言，无论宪法如何规定民众权利是由天皇赐予的，无论宪法将民众称为"臣民"或是"国民"，毕竟1889 年的日本是第一个实行宪法政治制度的非西方国家。② 宪法颁布和1890 年第一次总选举的进行以及民选国会的召开，象征日本已成为一个由公民主体组成的国家，民众一方面要承担国家义务，另一方面也获得一定的政治权利。日本民众在作为"民族"的一面被成功地整合到国家之时，"公民"的一面也由此开始苏醒并在之后 30 年里得到大跃进式发展。

从 19 世纪末 20 世纪初开始，国家与市民社会互动发展的共同性趋势日益明显。适应时代发展的需要，社会优位型法治与国家优位型法治，都在新的国家与市民社会的互动发展中不断调整自己并呈现出趋同化趋势，法治的精神与原则日趋走向相对统一，特别是法律至上、权力制约、权利保障等法治核心思想，在新的历史发展

① 田雪梅：《近代日本国民的铸造：从明治到大正》，复旦大学国际关系与公共事务学院 2011 年博士学位论文。

② ［美］安德鲁戈登：《日本的起起落落——从德川到现代》，李朝津译，广西师范大学出版社 2008 年版，第 98 页。

中还得到了进一步弘扬。在这一背景下，社会优位型法治与国家优位型法治各自对公民意识教育的推进作用也开始出现相互接近的趋向，自上而下的国家引导、自下而上的民众参与以及大众传媒的广泛传导正日益成为各个国家基于各自的法治实践开展公民意识教育的主要途径与形式，一种基于各国法治实践的公权引导、公民参与与媒体传导联动的公民意识教育模式日益形成。

（三）我国公民意识教育寓于法治实践的 30 年

与西方法治发达国家相比，我国的法治建设起步明显较晚。真正意义上的法治建设实际上始于改革开放以后。1978 年 12 月 13 日，邓小平在中央工作会议闭幕会上明确指出："为了保障人民民主，必须加强法制，必须使民主制度化、法律化，使这种制度和法律不因领导人的改变而改变，不因领导人的看法和注意力的改变而改变。"① 随后召开的中国共产党第十一届三中全会完全采纳了邓小平建设社会主义法制的思想，1982 年《宪法》更是明确规定："发展社会主义民主，健全社会主义法制"，"一切国家机关和武装力量、各政党和各社会团体，各企事业组织都必须遵守宪法和法律"。从此，中国的社会主义法治建设驶入了快车道。从 1978 年开始进行法制建设以来，在 30 多年的时间里，我国逐步实现了从"无法可依"向有中国特色的社会主义法律体系基本形成的转变，从公检法被砸烂的状况向基本健全的立法、执法、司法和法律监督机制的转变，从"人治"向"法治"迈进的初步转变，同时也逐步开启了从臣民意识向公民意识的转变。宪政法治实践、行政法治实践、刑事法治实践等齐头并进，对新时期社会主义公民意识的培养发挥了巨大的教育作用。

宪政法治实践蕴含的公民意识教育，集中体现在"公民"概念在宪法中的发展以及平等原则的践行等方面。如前所述，新中国成立之前，在我国自清末以来仿行宪政的历部宪法文本中，表述个

---

① 《邓小平文选》（第 2 卷），人民出版社 1978 年版，第 146 页。

人与国家之间政治联系的概念并没有"公民"一词。1908 年，清政府通过的《钦定宪法大纲》采用了"臣民"一词，与其相对应的是"大清帝国"，个人完全是以"被统治者"的法律身份出现在宪法文本之中。1912 年颁布的《中华民国临时约法》，在表述与"中华民国"相对应的个人的法律身份时，同时使用了"国民"和"人民"，同样没有"公民"之说。其后的《天坛宪法草案》(1912 年)、《中华民国约法》(1914 年)、《中华民国宪法》(1923 年)、《中华民国训政时期约法》(1931 年)、《中华民国宪法草案》(1936 年)、《中华民国宪法》(1946 年) 等也始终未能在宪法上明确"公民"地位。新中国成立后，1954 年宪法通过规定公民的基本权利，建立起以"公民"身份为基础的人权制度，从而奠定了新中国历部宪法所确立的公民基本权利的制度基础。但由于受到新中国成立以来各种政治因素的影响，1954 年宪法以及后来的 1975 年宪法、1978 年宪法始终未能在实践中很好地贯彻实施，真正对我国的公民意识发挥教育作用的还是 1982 年宪法。1982 年宪法是新中国成立以来最好的一部宪法。其不但恢复了 1954 年宪法赋予公民的诸多基本权利，而且从形式上将公民基本权利作为第二章放到总纲之后、国家机构之前，向社会发出了优先保障公民基本权利的明确信号，"表明了公民的基本权利与国家机关之间的权力之间的目的和手段的关系，理顺了国家权力与公民权利的关系，符合现代宪法的基本精神"。① 更为难能可贵的是，从宪法上废除了领导干部事实上的终身制，对国家主席、副主席、全国人大常委会委员长、副委员长、国务院总理、副总理、国务委员、最高人民法院院长、最高人民检察院检察长作出了连续任职不得超过两届的规定。此外，1982 年宪法在制定过程中就面向社会征求意见长达 4 个月，远远超过了 1954 年宪法制定时长达两个多月的征求意见时间。

---

① 莫纪宏：《"公民"概念在中国宪法文本中的发展》，载《人权》2010 年第 4 期。

1993 年修改宪法，根据我国正处于社会主义初级阶段的特点，将"建设成为高度文明、高度民主的社会主义国家"的目标修改为"建设成为富强、民主、文明的社会主义国家"，体现了我国在民主建设方面的初级性；1999 年修改宪法，将"实行依法治国，建设社会主义法治国家"写进宪法，从而确立了公民的法治主体地位；2004 年修改宪法，将"社会主义建设者"写进宪法，进一步扩大了公民的范围，同时将"国家尊重和保障人权"等深具公民意识教育意义的理念载入宪法史册，不但是治国思想的重大突破，而且在公民意识教育中也起到了里程碑式的作用。近年来，面对暴力拆迁、野蛮拆迁，许多被拆迁人一次次地高举宪法以示抗议，就是 30 余年我国宪政法治实践对公民意识的教育作用的生动体现。在平等原则的贯彻方面，1982 年宪法明确宣示，任何组织或者个人都不得有超越宪法和法律的特权，公民在法律面前一律平等，年满 18 周岁的公民，不分民族、种族、性别、职业、家庭出身、宗教信仰、教育程度、财产状况、居住期限，都有选举权和被选举权。然而，以选举权的行使为例，1953 年的选举法规定了不完全平等的选举比例：在全国人大，农村每一代表所代表的人口数是城市每一代表所代表的人口数的 8 倍，也就是说，农村每一选民的实际选举权是城市每一选民选举权的 1/8；对省、市、县人大代表的选举，选举法也分别规定了城市与乡村的不同人口比例。1979 年修订选举法，对 1953 年选举法关于选举人大代表的城乡人口比例未作大的修改，而只是将农村与城市每一代表所代表的人口比例数予以明确，即自治州、县、自治县为 4∶1，省、自治区为 5∶1，全国为 8∶1。1982 年修改选举法也仅增加规定："县、自治县行政区域内，镇的人口特多的，或者不属于县级以下人民政府领导的企业事业组织的职工人数在全县总人口中所占比例较大的，经省、自治区、直辖市的人民代表大会常务委员会决定，农村每一代表所代表的人口数同镇或者企业事业组织职工每一代表所代表的人口数之比可以小于 4∶1 直至 1∶1。"1995 年修改选举法，将原来全国和省、自治区这两级人大中农村与城市每一代表所代表的人口数的比例，从原来的 8：1、5：1，统一修改为 4：1，这是个不小的进步。2010 年修订选举法明确实行城乡按相同人口比例选举人大代表，保障公民都享有平等的选举权；同时实行地区平等和民族平等，保证各行政区域不论人口多少，都应有相同的基本名额数，都能选举一定数量的代表，保障各地方在国家权力机关有平等的参与权，人口再少的民族，也要有一名代表，体现民族平等。此外，各方面代表性人物比较集中的地方，也给予适当的照顾。2010 年修改选举法，同比例选举最受公众瞩目，民族平等再次重申，而地区平等，可以说是首次明确。① 上述选举制度在不同阶段的实践，如越来越多的农民（工）代表、律师代表等当选省人大代表、全国人大代表并在会上会下的活跃表现，正日益使更大范围内的农民、自由职业者的公民意识得以进一步提升。此外，历次修订宪法，循序渐进地给予私营经济、个体经济等非公有制经济一定的主体地位，同样在不断提升更多非公有制经济主体的公民意识。总之，新中国成立尤其是改革开放 30 余年来宪政领域的点滴进步，无时无刻不在催生我国公民意识的进一步觉醒。

行政法治实践蕴含的公民意识教育，既是宪政法治实践公民意识教育的具体体现，也集中反映了我国公民意识教育发展的心路历程。众所周知，新中国成立后直至改革开放前，尽管历部宪法都规定了公民有申诉、控告、检举以及从国家获得赔偿的宪法权利，但由于没有可操作的程序规则，这样的公民基本权利事实上根本无法行使，也不可能真正内化为公民的权利意识。1982 年通过的《民事诉讼法》（试行），其第 3 条第 2 款规定，法律规定由人民法院审理的行政案件，适用本法规定。首次开启了我国"民告官"法治实践，也揭开了通过行政法治实践进行公民意识教育的序幕。但

---

① 庄永廉：《专家揭秘选举法近 60 年鲜为人知的故事》，载《检察日报》2010 年 2 月 22 日第 1 版。

是，很显然，零散而单行的法律、法规所规定的行政案件，确立的只是少数甚至个别"公民"的主体资格，大多数公民在法律上依然没有向国家主张权利的法律资格。1989 年通过的《行政诉讼法》，通过法律规范的形式第一次要求各级政府及其工作人员依法行政，第一次赋予公民在认为自己的合法权益受到违法行政行为侵害时，享有向人民法院提起诉讼的权利，从而以国家法律制度的形式真正开启了完全意义上的中国"民告官"制度。① 然而，囿于当时的实际情况，在实践操作上，行政诉讼的受案范围受到了很大的限制，不但可诉行政行为主要局限于具体行政行为，而且这些具体行政行为也主要是局限于原《行政诉讼法》第 11 条明确列举的 8 类具体行政行为，甚至有个别法院将上述 8 类行政行为的具体形式又进一步限制在《行政诉讼法》有明确列举的范围之内，这样的实践集中体现在最高人民法院 1991 年发布的《关于贯彻执行〈中华人民共和国行政诉讼法〉若干问题的意见（试行）》和国务院 1990 年制定的《行政复议条例》之中。② 对于"民告官"最重要的行政赔偿问题，1994 年千呼万唤始出台的《国家赔偿法》，虽然终结了我国无国家赔偿的历史，但无论是人身损害赔偿，还是财产

---

① 已经失效的 1982 年《民事诉讼法》（试行）第 3 条第 2 款"法律规定由人民法院审理的行政案件，适用本法规定"的规定，由于该条款更多的是宣示性规定，故影响甚微，学界一般也不把其视作中国"民告官"制度的正式起源。

② 1991 年发布的《关于贯彻执行〈中华人民共和国行政诉讼法〉若干问题的意见（试行）》规定，"具体行政行为"是指国家行政机关和行政机关工作人员、法律法规授权的组织、行政机关委托的组织或者个人在行政管理活动中行使行政职权，针对特定的公民、法人或者其他组织，就特定的具体事项，作出的有关该公民、法人或者其他组织权利义务的单方行为。1990 年的《行政复议条例》规定只能对具体行政行为提起行政复议，不能对抽象行政行为提起行政复议。此外，诸如警告、通报批评等在《行政诉讼法》第 11 条中未予明确列举的行政处罚种类，也被排除在行政诉讼受案范围之外。

损害赔偿，都被严格限定在很窄的范围内，始终体现的是"能不赔就不赔、能少赔就少赔"的立法指导思想。1999 年，《行政复议法》取代《行政复议条例》，不但从行政行为的种类扩大了行政复议的范围，如部分抽象行政行为被有条件纳入行政复议范围，而且从相对人权益保护角度将行政复议范围从人身权、财产权保护扩充到受教育权等其他合法权益的保护。2000 发布的最高人民法院《关于执行〈中华人民共和国行政诉讼法〉若干问题的解释》取代《关于贯彻执行〈中华人民共和国行政诉讼法〉若干问题的意见（试行）》，在受案范围方面只从外延角度对不可诉行政行为进行了列举式规定，事实上大大扩充了行政诉讼的受案范围；在权利保护方面，明确规定涉及相邻权、公平竞争权等可以提起行政诉讼；在原告资格方面，颠覆了许多传统理论，引入"法律上的利害关系"一说，明显放宽了原告资格，如对于联营企业、中外合资企业或合作企业的联营、合资、合作各方，如果认为联营、合资、合作企业权益或者自己一方合法权益受到具体行政行为的侵害，一改过往只能是企业作原告的规定，它们均可以自己的名义提起诉讼等。2009 年，为不断满足公民日益增长的司法需求，切实解决行政诉讼事实上存在的有案不收、有诉不理等"告状难"问题，最高人民法院发布《关于保护行政诉讼当事人诉权的意见》，该意见明确规定：凡是《行政诉讼法》明确规定的可诉性事项，不得擅自加以排除；《行政诉讼法》没有明确规定但有单行法律、法规授权的，也要严格遵循；法律和司法解释没有明确排除的具体行政行为，应当属于人民法院行政诉讼受案范围。不仅要保护公民、法人和其他组织的人身权和财产权，也要顺应权利保障的需要，依法保护法律、法规规定可以提起诉讼的与人身权、财产权密切相关的其他经济、社会权利。2010 年，修订后的《国家赔偿法》变"违法行使职权造成予以损害赔偿"为"行使职权造成损害予以赔偿"，扩大了赔偿的范围，将精神损害赔偿首次纳入国家赔偿，适当提高了赔偿标准，同时简化了赔偿程序，在一定程度上解决了"赔偿难"的问题。2014年全面修订《行政诉讼法》，更是从夯实公民、法人和其他组织主体地位的角度做出了大幅度修改，既回应了全社会的重大关切，也在塑造新的公民意识方面发挥了引领作用。例如，变立案审查制为立案登记制，必将在方便当事人行政诉讼的同时极大地激发全社会针对公权力侵权行为诉诸行政诉讼的"民告官"意识；再比如，在受案范围方面，从1989年的侵害人身权、财产权扩大到人身权、财产权等合法权益等。此外，继《行政诉讼法》之后，我国还相继出台了《行政处罚法》（1996年）、《行政监察法》（1997年，2010年修正）、《行政许可法》（2003年）、《公务员法》（2005年）、《治安管理处罚法》（2005年，1986年《治安管理处罚条例》的修订）、《行政强制法》（2011年）。凡此种种，在形象地勾勒我国行政法治实践历程的同时，也有力彰显着行政法治实践的公民意识教育功能。近年来，"民告官"案件的逐年增多，就是行政法治实践的公民意识教育价值日益彰显的有力例证。

刑事法治实践蕴含的公民意识教育，集中体现在刑事诉讼实践对人权的保障方面。我国在刑事诉讼法的制定过程中，经历了三起两停的曲折过程。1954年，全国人大曾拟出《中华人民共和国刑事诉讼法条例》（草案）。后来全国人大常委会委托最高人民法院主持，并组成了起草刑事诉讼法的专门机构，并于1957年6月拟定了《中华人民共和国刑事诉讼法》（初稿），后因种种原因工作停止。此后，1963年4月又形成了《中华人民共和国刑事诉讼法》（草案），后因"文化大革命"致使起草修订长期停止。1979年2月，全国人大先后拟定出刑事诉讼法修正一稿和修正二稿，呈交党中央和全国人大常委会审议，1979年7月，我国首部《刑事诉讼法》得以在几个月内通过。当时，"文化大革命"刚结束不久，鉴于"砸烂公检法"和践踏法制的惨痛教训，立法特别强调"惩罚犯罪"和"保护无辜"两个方面，坚决废止了"专案审查"的做法，明确规定被告人有权获得辩护和人民法院有义务保证被告人获得辩护，并加强了办案单位的相互制约和程序保障功能，这无疑是历史的进步。然而，1979 年的《刑事诉讼法》处处充满了"专政"的色彩，如第 1 条关于立法指导思想的规定：结合我国各族人民实行无产阶级领导的、工农联盟为基础的人民民主专政即无产阶级专政的具体经验和打击敌人、保护人民的实际需要制定。第 2 条关于任务的规定：保障社会主义革命和社会主义建设事业的顺利进行。但不容否认，改革开放初期，以 1979 年《刑事诉讼法》为核心的刑事法治实践确实极大地提升了我国的公民意识水平，律师事业在我国的蓬勃发展就是最鲜明的例证。1996 年，根据实践发展需要，我国对 1979 年《刑事诉讼法》进行首次全面修订，突出加强了对犯罪嫌疑人、被告人的人权保障，如废除了不经法定程序即可剥夺人身自由的收容审查制度和未经法院审判即可对当事人定罪的免予起诉制度，确认未经人民法院依法判决不得确定有罪，首次确立了疑罪从无原则，明确律师介入提前到侦查阶段（提供法律帮助）并对审判方式进行了改革，这些变化无疑对犯罪嫌疑人、被告人的人权保障有重大价值。以 1996 年《刑事诉讼法》为核心的刑事法治实践确实极大推动了我国公民意识的进一步提升，近年来全社会对死刑的慎用与存废问题的高度关注（如吴英案）就是鲜明例证。2012 年第二次全面修订《刑事诉讼法》，内容涉及证据制度、强制措施、辩护制度、侦查措施、审判程序、执行程序等各个方面，特别是明确将"尊重和保障人权"写入总则，并在具体制度设计上予以落实，如犯罪嫌疑人自被侦查机关第一次讯问或者采取强制措施之日起，有权委托辩护人，这样就使得律师在侦查阶段从原来的提供法律帮助变为提供辩护等。我们有理由相信，随着修订后的《刑事诉讼法》在实践中的运用，以"尊重和保障人权"为引领的刑事法治实践必将对我国的公民意识发挥更为有效、更为直接的教育引领作用。

　　总之，公民意识教育蕴含于我国法治实践的 30 年历程，就目前而言，大致可以划分为两个阶段：第一阶段是从法律上获得公民资格的"公民"追求法律主体地位的行政法治实践的过程，这一过程至今还在进行之中；第二阶段是在法律上获得主体地位的"公民"追求平等的行政法治实践过程，这一过程基本上才刚刚开始。今天的我国，基于具体法治实践的公民意识教育已经在各个层面悄然展开。在国家层面，1994年以来，我国最高决策领导层已连续十多次集体听取专题法制讲座，带头践行法治的同时引导全社会树立尊法、学法、守法、用法的观念。各级国家机关从开门立法到行政公开、司法公开，从生命攸关的死刑复核到事关民生的放假调休、个税调整，越来越注意通过一个个具体细微的法治实践教育和引导公民形成良好的公民意识，专司法治宣传职能的司法行政机关更是自1986年以来先后开展了五个五年普法计划，从普及公民知识、"普及法律常识"到"法制宣传教育"再到"法制教育"的深化①，从"法制教育与法制实践相结合"到"法制教育与法治实践相结合"的升华，逐步开始将法治宣传教育的重心由普法教育转到公民意识教育上来。在社会层面，越来越多的公民开始由"守法型"向"用法型"转变。从舆论监督到法律诉讼，从道德陈情到公民上书，法律意识觉醒的民众开始运用各种维权手段，坚定地表达着自己作为一个公民的诉求。像5次将铁道部告上法庭的"草根斗士"郝劲松这样的公益维权人士在国内已不是凤毛麟角，中国人开始从鲁迅笔下看杀头的"看客"转为孙志刚、许霆等的权益呼吁者，这是公民社会成长的重要指征，而民意与政府的一次次良性互动，也正是一个公民社会成长的显著标志。应该承认，我国30余年的社会主义法治实践，客观上早已打开了成年人在法治

---

① "法制教育"不是普法教育的终极目标。依法治国方略载入我国宪法后，"法治教育"才是当代中国普法教育的准确称呼。因此，《宪法》第24条规定的"法制教育"应当修改为"法治教育"。

实践中学着做公民的"机会之窗"。① "30 年的市场化进程与建设
法治国家的努力，不仅改变了一般民众的生活方式和整个国家的社
会政治生态，而且在国民社会心理层面，逐渐塑造了一种法治主义
的社会理想与道德秩序观，提炼出一种生活伦理的法权立场，特别
是激起一种基于公民经济学的关于国家权力的法权安排憧憬。其主
要内涵包括：法治成为国民期待与公民愿景，权力必须受到制约渐
成国民共识，主体平等是全体公民的政治向往，表达自由早成亿万
人的心智需要，人民对于法律正义和社会正义的追问上升为对于政
治正义与宪法政治的拷问，等等。"② 特别是，"30 年的'法制建
设'与晚近日益彰显的社会建设，使得主体平等观念深入人心，
成为全体公民的社会愿景和政治向往。如同'法制'或者'法治'
积淀为关于美好人间秩序的国民愿景一样，30 年的人文启蒙和法
治宣谕，唤醒和激发了国民的公民意识，逐渐推导出以'平等'
作为主要内涵、关于健全社会与良善生活的公民憧憬"。③ 因此，
在一定意义上，我国改革开放 30 余年来的社会主义法治实践进程，
从公民教育的角度看也是一个社会主义公民意识教育过程。我们欣
喜地看到，立法机关、执法机关、司法机关等各级国家机关的法治

---

① 美国学者约翰·金登创立的多源流理论认为，许多社会问题之所以
成为公共问题并最后登上政策议程，偶然性事件发挥了关键的作用；这些偶
然事件即"机会之窗"，是"政策建议的倡导者提出其最得意的解决办法的
机会，或者是他们促使其特殊问题受到关注的机会。"参见 [美] 约翰·W.
金登：《议程、备选方案与公共政策》，丁煌、方兴译，中国人民大学出版社
2004 年版，第 209 页。

② 许章润：《论国民的法治愿景——关于晚近三十年中国民众法律心理
的一个描述性观察》，载《清华大学学报（哲学社会科学版）》2011 年第 3
期。

③ 许章润：《论国民的法治愿景——关于晚近三十年中国民众法律心理
的一个描述性观察》，载《清华大学学报（哲学社会科学版）》2011 年第 3
期。

实践，基于法治国建设的需要，开始逐步由封闭走向公开，由精英治理走向公民参与。开门立法、程序行政、司法公开、公民监督等逐步成为法治实践领域的时髦话题，一种公权引导、公民参与和大众媒体传导联动的公民意识教育法治实践模式已经初现端倪。

二、公民意识教育的法治实践模式

梳理各国的法治实践，尽管公民意识教育的法治实践路径各有不同，国家、社会乃至公民个人在其中的地位与作用也有很大差异，但要切实实现这一价值，必要的公权引导、广泛的公民参与、积极的媒体传导无疑又缺一不可。

（一）公权引导：公民意识教育法治实践的宣言书

公权，即公权力抑或公共权力的简称。立法权、行政权、司法权等国家权力以及各种社会团体、社会组织依法取得的社会权力都是公权的具体表现形式。法治实践进程中公民意识教育价值的实现，公权的作用不可或缺。参与民主理论家约翰·斯图亚特·密尔认为，政府最首要的和重要的功能是广义上的教育功能。按照约翰·斯图亚特·密尔的观点，政府事务中管理商业活动是最不重要的，重要的是政府活动"对人们思想的重大影响"。"这些制度促进社会中精神进步的程度，包括在人们的知识、品德、实践活动和效率方面的进步。"① 构成了判断政治制度好坏的标准。约翰·斯图亚特·密尔反对一种仁慈的专制主义，指出如果专制主义无所不包，尽管它能够确保政府的商业活动完完全全地得到实施，但"在这样的一种政体下会培养什么样的人？在这一政体下人们的思想和能力获得了什么样的发展？……人们的道德水平的发展受到了同样的阻碍。在那里人们的活动范围受到人为限制，他们思想感情

---

① Mill, J S. Representative Government [M]. New york：Everyman ed, 1910. 195.

的发展受到了抑制和阻碍……"① 尽管约翰·斯图亚特·密尔主张的政府最首要的和重要的功能是广义上的教育功能的观点还有待进一步商榷，但这一观点至少说明，公民意识教育应当成为公权引导的功能之一。公权引导对公民意识教育的巨大推进作用这一论断，还可以通过进一步梳理法治发达国家以及我国改革开放 30 余年的法治实践得以印证。

从法治实践看，在社会优位型法治模式国家，尽管总的来说其公民意识教育遵循了社会自发形成与演变的过程，但不可否认的是，以法治为基础的公权在其中同样发挥了巨大的推进作用。以英国为例，受大贵族、大封建主压力制定的 1215 年《自由大宪章》确立了限制国王权力、确认臣民权利的法治精神，议会根据上述法律精神，曾经两次成功地弹劾了滥用王权的国王，分别将爱德华二世与理查德二世予以废黜。议会这一系列将王权置于议会权力之下的法治实践，不但教给英国尚未掌握政权的新兴资产阶级以及尚处于王权统治之下的广大臣民以公民知识，让他们充分认清国王"人治"与教会"神治"的不可靠性，而且极大地鼓舞了他们摆脱封建王权统治的热情与斗志。1688 年光荣革命后制定的《权利法案》（1689 年）作为资产阶级掌握政权后制定的第一个宪法性文件，尽管以宪法的形式宣示了英国公民由臣民到公民的历史转变，但真正推进公民意识教育恐怕还离不开英国司法机关持续的司法活动的引导。从一定意义上讲，英国宪法只是吹响了英国公民意识教育大发展的号角，真正培养与升华英国人公民意识的恰恰是英国引以为豪的司法机关日积月累的司法判例及其所确立的习惯法原则。从英国法治实践与公民意识教育的互动中可以清楚地看到，议会的立法权、法院的司法权等公权在公民意识教育方面发挥着重要推进作用。在国家优位型法治模式国家，由于广大社会成员公民意识的

---

① Mill，J S. Representative Government［M］. New york：Everyman ed，1910. 203-204.

先天不足和国家权力的异常强大，在法治国建设过程中，公权对公民意识教育的引导作用更为明显。以德国为例，从 9 世纪到 19 世纪长达 1000 年之久的分裂状态，造就了德国市民社会发展之缓慢。1848 年德意志革命后，新兴资产阶级与容克相妥协而建立的统一国家，既要迅速建构与英美法等先期进入资本主义宪政国家相似的宪政体制，又要切实培育与这种宪政体制相适应的市民社会基础，因此，那种犹如英国社会自发的、缓慢的、逐步积累式的公民意识养成模式，对于后进的德国显然不适用。于是，在国家上层建筑的推进下启动和进行的公民意识教育法治实践就成为德国法治国建设的一项鲜明特色，这一特色集中反映在 1919 年生效的著名的《魏玛宪法》之中。该宪法开宗明义：德意志国民团结其种族，一德一心共期改造邦家，永存于自由正义之境，维持国内国外之和平，促进社会之进化，援制兹宪法。正文部分明确规定德国为联邦，主权在民。同时从瑞士和某些邦的宪法中引入全民公决措施，规定了人民有普选权、创制权。同时规定了个人的各种基本权利和许多社会生活的准则，其中有一些社会民主主义性质的规定，较之同时期的宪政国家的人民所享有的社会福利多了很多。然而，这样一部极具民主色彩的宪法，很快就被 1933 年希特勒建立的独裁统治所摧毁。《魏玛宪法》的短命，在暴露出德国市民社会弱小的同时，也集中反映了德国试图通过立法等公权强力引导方式快速实现全社会公民意识跨越式发展的强烈愿望。第二次世界大战后，德国人对战争及其原因进行了深刻的反省，西部德国在西方三个战胜国控制下，深刻汲取魏玛共和国宪政实践缺乏必要的社会民主基础的经验教训，大力恢复原有的德国地方自治性民主制度，同时通过纽伦堡战争法庭的审判，在全社会强调人权的政治基础地位，逐步形成了西方式自由民主观念。1949 年制定的《德意志联邦共和国基本法》，尽管是在占领国参与的条件下完成的，但由于占领国有意识地在全占领区通过各类民主法治实践培养全社会的公民观念，再加上战争的惨痛教训，其制定过程仍是西部德国人民的主权者行为。

1990 年 10 月，德国统一后，该基本法的适用范围由原来的联邦德国扩展到统一后的德国全境。根据 1990 年 8 月两德作为国际法主体签署的"统一条约"，1992 年 1 月成立的"联合宪法问题研究委员会"历经两年多的研究后认为，只修改基本法而不必全面制定新宪法。于是，该基本法事实上还承担了将自身所蕴含的西方式的公民观念"强加"到东部德国人民头脑中的公民意识改造任务。近代日本的法治实践情况与德国有诸多相似之处。由此看来，在国家优位型法治模式国家，公权对公民意识教育的引导，不是一般意义上的引导，有时甚至达到了主导的程度。

中国是世界文明的发祥地之一。然而，中国古代文明并没有孕育出犹如西方法治发达国家流行的现代法治的理念与制度。自秦始皇统一中国及西汉统治者"罢黜百家，独尊儒术"以来，统治中国长达两千多年之久的政治和法律制度是建立在封建专制和农耕经济基础上的，具有"皇权至上"、"言出法随"、"外儒内法"、"诸法合一"、"严刑峻法"等特点的封建专制。这种法制实践，催生的主要是根深蒂固的臣民意识，而不是公民意识。1840 年的鸦片战争，给中国社会带来巨大的冲击乃至颠覆。持续的沉沦与失败导致国人对"制度"的反思和革新，催生了用西方法律和制度改革传统旧制的"变法维新"运动以及推翻封建帝制的辛亥革命。这一时期的中国法律和制度成为一个独特的混杂体，既有大城市中西方法律的雏形，又有广大农村地区半封建的统制，确实对国人公民意识的初步觉醒产生了一定的推动作用，但由于长达数十年的军阀混战、国内革命、抗日战争、解放战争以及"文化大革命"等，使得建立现代法制的目标和蓝图始终无法得到全面推行和落实，法制的公民意识教育作用极其有限。1978 年以来，在"解放思想"的推动下，通过对"文化大革命"的深刻反思和批判以及对其他国家经验的借鉴和世界发展趋势的分析，全社会尤其是执政党和政府深刻认识到，社会的发展和稳定必须依靠民主和法治，"必须使民主制度化、法律化"① 的决策由此产生。客观地讲，改革开放30余年"民主制度化、法律化"的实践，带给每一位中国人的不单是大量的法律规则，更多的是精神面貌脱胎换骨式的变化，亦即从臣民意识到公民意识的巨变。在这一过程中，权力机关逐步实现了从"橡皮图章"向"国家权力机关"的转化，行政机关开启了从无所不能和无所不在的"强力政府"向有权必有责、用权受监督的"法治政府"的过渡，司法机关不但完成了自身的制度重建，而且开始了有中国特色的司法改革，新闻发言人制度在各类国家机关中普遍建立。可以说，自上而下的政府推动型的"民主制度化、法律化"的实践，早已成为改革开放以来乃至今后很长一段时期我国公民意识教育最主要的形式。从这个意义上讲，我国改革开放30年的社会主义法治实践，本身就是一项公民意识教育的伟大实践。而基于这一伟大实践的公权引导，简单说就是各级国家机关的法治实践活动对公民意识教育的引导。既然法的运行过程本身具有教育意义，那么在建设社会主义法治国家的过程中，充分发挥公权引导在立法、执法、司法等法治实践活动中的公民意识教育功能，对于公民意识教育而言无疑是一种更为直接、更能产生实际效果的实践机制。

需要着力说明的是，西方法治发达国家，多数国家市民社会事实上是先于国家的，国家靠市民社会来扶植。② 由特殊历史进程造就的现代中国具有"国家主义"浓重、市民社会极端积弱的传统。20世纪70年代末以来，中国市民社会的兴起，也是与国家的主动放权和政策驱动分不开的。其政治社会先于市民社会而建立，并且由经济生活行政化和日常生活政治化而占领了市民社会的领域。因此，在中国，不是由市民社会呼唤和扶植国家，而是由国家呼唤和

---

① 《邓小平文选》（第2卷），人民出版社1978年版，第146页。

② 马长山：《国家、市民社会与法治》，商务印书馆2002年版，第220~221页。

扶植市民社会。① 分析中国市民社会构建道路和西方市民社会发展的差别，应当格外重视政府的积极作用。②

（二）公民参与：公民意识教育法治实践的播种机

"参与"在民主理论长河中源远流长。撇开古希腊的直接民主不说，16 世纪至 17 世纪以来近代民主的发展，不管是从封建主义演化为代议制民主，还是从有限选举转变为竞争性普选，抑或是公民政治权利在内容和范围上的不断扩大，无不是以公民政治参与的扩大为内涵。所不同的是，自由主义民主更多强调以选举权扩大为核心的政治参与，是保障民主制度能够正常运行的最低限度的参与，倡导由经选举产生的"官员"在严格界定的地域内行使权力以"代表"公民的利益或主张并坚持"法治"；而共和主义民主所主张的参与，更关注直接民主，主张对于公共事务由公民直接介入进行决策，亦即"人民的统治"。20 世纪 60 年代，经过很长一段时间的沉寂之后，"参与"一词再次成为一个十分流行的政治词汇。"参与民主理论中参与的主要功能是教育功能，最广义上的教育功能，包括心理方面和民主技能、程序的获得。通过参与过程的教育功能，可以发展和培育这一制度所需要的品质，个人的参与越是深入，他们就越具有参与能力，参与制度就可以维持下去。"③这一通过公民参与达致品格教育的理论认识，同样可以通过考察卢梭、约翰·斯图亚特·密尔和 G. D. H. 科尔等三位极具代表性的参与民主理论家的思想得以印证。检视卢梭的政治理论可以提供给我们这样一些观点：在制度的权威结构和个人的心理品质与态度之间

---

① 鲁品越：《中国历史进程与市民社会之构建》，载邓正来主编：《中国社会科学季刊：总第 8 期》，社会科学出版社 1994 年版，第 196~199 页。

② 施雪华：《现代化与市民社会》，载邓正来主编：《中国社会科学季刊：总第 7 期》，社会科学出版社 1994 年版，第 207~209 页。

③ ［美］卡罗尔·佩特曼：《参与和民主理论》，陈尧译，上海人民出版社 2006 年版，第 9 页。

存在关联性，参与的主要功能在于教育功能。这些观点构成了参与民主理论的基础。在卢梭的理论中，参与不仅仅是一套民主制度安排中的保护性附属物，它也对参与者产生一种心理效应，能够确保在政治制度运行和在这种制度下互动的个人的心理品质和态度之间具有连续的关联性。卢梭的理想制度旨在通过参与过程的作用推动个人的负责任的社会行动和政治行动，参与决策活动的结果是，个人接受了教育而学会区分自己的冲动和欲望，他既学会了如何成为一个私人公民，也学会了如何成为公众人物。① 卢梭将自由的概念建立在参与活动的坚实基础上，认为个人"被迫"行使自由的方式是个人通过参与决策而"被迫"接受教育这一过程不可或缺的部分，除非每个人通过参与过程"被迫"做出具有社会责任的行为，否则将不存在保障每个人自由的法律，即不存在公意或个人服从于自己的那种正义法则。个人实际上的自由以及他对自由的感受，通过决策过程中的参与而得到提高，因为参与赋予了他一定程度上对自己的生活和他周围的环境进行控制的能力。卢梭也将参与看作能够提高个人自由价值，使个人成为自己的主人的一种活动。在第八封《山中来信》中，卢梭指出，自由是最小可能地使自己服从他人的意志，一个人的自由不能包含其他人的意志。任何一个没有成为自己主人的人是不自由的。在一个人能够称其为"自己的主人"之前，通过控制所希望的那种生活，自由得到了提升，同时参与过程确保了即使没有一个人或团体是另一个人或团体的主人，所有人都同等地互相依靠，平等地服从法律。通过参与过程以及使参与同"成为自己的主人"之间的关系而得以可能的法律的（非个人的）统治，使人们进一步洞悉，为什么卢梭认为通过参与性的决策过程个人会真诚地接受法律，更普遍地，看清卢梭理论中参与的第二、第三个功能，即使得集体决策更容易地为个人所接

---

① ［美］卡罗尔·佩特曼：《参与和民主理论》，陈尧译，上海人民出版社 2006 年版，第 24 页。

受，提升了单个公民"属于"他们自己的社会归属感。难怪普拉梅纳茨提到卢梭时认为，"他转变了我们的思维……关于考虑社会秩序是如何影响了人们的性格结构"。① 约翰·斯图亚特·密尔认为，只有在一个大众的、参与制度背景下，一种"积极的"、具有公共精神的性格才能得到培养。像卢梭一样，约翰·斯图亚特·密尔认为个人事先已经存在的性格品质通过参与过程得到进一步发展，亦即当个人参与公共事务时，个人必须"被迫"扩展他的视野而开始考虑公共利益。换言之，个人必须"看重不属于他自己的利益；在遇到各种冲突的要求时，接受超越于他私人特殊性的另一个法则的引导；在每一个环节，按照公共善的目标运用各种理性的原则和公理"。② 他同意卢梭关于参与所具有的其他两种功能，特别指出了参与所具有的整合功能，认为通过政治讨论，个人"有意识地成为大社会的成员"，③ 无论什么时候他想为公众做些事情，他就会感到"不仅公共事务也是他的个人事务，而且公共事务的处理在一定程度上取决于他的努力"。④ G. D. H. 科尔认为，人们必须在团体中合作以满足他们的需要，要以一种不侵害他们个人自由的方式将他们的意志转变为行动，人们就必须参与他们所在团体的组织与管理。也正是在这一参与过程中，参与的教育功能得以显现。因为"社会机制，不管这种机制是好还是坏，也不管它与人类的欲望及本能是和谐还是冲突，要么推定、要么阻碍了人的个性的表达。如果说环境无法在绝对意义上塑造性格，如同罗伯特·欧文认为的那样，但是环境的确引导并将性格转变为各种不同

① Plamenatz. Man and society[M]. Vol. I. London: Longmans,1963. 440.

② Mill, J S. Representative Government [M]. New york: Everyman ed, 1910. 217.

③ Mill, J S. Representative Government [M]. New york: Everyman ed, 1910. 279.

④ Mill, J S. Essays on Politics and Culture[M]. New york: Himmelfarb G. (ed.),1963. 230.

的表达形式"。①

总之，"参与民主理论中对民主体系的辩护，主要在于，从参与过程中逐渐积聚的人性的结果。人们也许可以将参与模式概括为最大限度地输入（参与），而输出不仅包括政策（决定），也包括每个人的社会能力和政治能力的发展，因此存在从输出到输入的反馈"。② 在各国的法治实践过程中，人们无不都在自觉或者不自觉地参与到每一个法治实践活动中，英国反抗王权、维护权利的法治实践，靠的是市民阶级的积极参与，德国自上而下的法治改革，同样离不开广大市民阶层的不断参与。我国改革开放 30 余年的法治实践，更是在广大公民不断参与的过程中逐步前行的，有些甚至是普通公民以血的代价换来的。需要特别提醒的是，中国市民社会远未成熟，践行公民参与必须是逐步实现公民有序参与，要避免超前过热地参与政治和运用民间社会观（"民反官"）来指导市民社会建构这两种极端倾向。③

（三）媒体传导：公民意识教育法治实践的宣传队

信息社会，媒体既是传播信息的媒介，更是开发和利用信息的组织。百度百科名片是这样解释的，即"所谓媒体，是指传播信息的媒介，通俗的说就是宣传的载体或平台"。按照这一解释，媒体亦可称为媒介，本质上是一种承载信息符号的物质实体，诸如承载语言信息符号的各类印刷品（报刊）、承载声音信息符号的广播、承载声音信息符号和图像信息符号的电影、电视以及集语言、声音、图像信息于一身的网络等。然而，媒体真可以跟媒介画等号

---

① Cole, G D H. Guild socialism Restated [M]. London: Leonard Parsons, 1920a. 25.

② ［美］卡罗尔·佩特曼：《参与和民主理论》，陈尧译，上海人民出版社 2006 年版，第 40～41 页。

③ 邓正来、景跃进：《建构中国的市民社会》，载邓正来主编：《中国社会科学季刊：总第 1 期》，社会科学出版社 1994 年版，第 50～52 页。

吗？在农业社会和工业社会，物质和能源是主要资源，将媒体理解为物质实体并无太多不妥；但进入信息社会后，信息成为比物质和能源更为重要的资源，以开发和利用信息资源为目的的信息经济活动迅速扩大，仍然将媒体简单地等同于仅仅是承载信息符号物质实体，显然不能与其从事开发和利用信息资源的社会地位相匹配。媒体早已开始从传播信息的媒介逐步演变为开发和利用信息的组织，面向不特定大众进行信息宣传的大众媒体更是一类依法成立、有必要的财产和经费、有自己的名称、组织机构和场所、能够独立承担法律责任的法人型组织，如传媒大亨默多克所创建的新闻集团，核心业务涵盖电影、电视节目的制作和发行，无线电视、卫星电视有线电视广播，报纸、杂志、书籍出版以及数字广播、加密和收视管理系统开发，是当今世界上规模最大、国际化程度最高的综合性传媒公司之一。因此，尽管从传统上讲，媒体并不是一个独立意义上的组织，更不能成为与学校并驾齐驱的教育机构，但是进入信息社会后，随着广播、电视、报纸、刊物尤其是互联网的迅猛发展，媒体在社会生活中发挥的教育与引导功能日益明显。可以毫不夸张地说，在西方被称为"第四种权力"的媒体，在社会生活中发挥的教育与引导功能日益明显，它拥有的社会舆论力量，可以在很大程度上成为一国乃至全球"最显著的和新的权力核心"。譬如，尼克松总统执政时期发生的水门事件，就是首先由《华盛顿邮报》等媒体发难，揭露了窃听录音带的内幕。由此，全国各媒体造成强大的舆论声势，最终击败了以总统为代表的国家行政权力，迫使尼克松总统"辞职"，显示出媒体所代表的社会舆论的威力。因此，就像学校之于未成年人的教育主体地位、学校教育之于未成年人公民意识教育的重要性一样，媒体已经逐步取得了成年人公民意识教育的主体资格。在尊重新闻自由的基础上，深化媒体的传播与引导（简称媒体传导）在公民意识教育中的功能，已经成为学校公民意识教育之外的另一重要的公民意识教育途径。换言之，在一定意义上讲，与公民意识教育相适应的媒体教育体系，早已不再仅仅是学校公民意识教育的有益补充，而是与学校公民意识教育相得益彰的公民意识教育环节。从组织建设的高度，发挥媒体尤其是大众媒体的宣传队功能，对实现法治实践的公民意识教育价值有着不可估量的重要意义。

媒体传导对公民意识教育具有特殊的渗透力和影响力。媒体尤其是大众媒体是深入开展公民意识教育有效而重要的平台，近年来，随着互联网技术的快速发展，一个特殊的群体——"网民"正蓬勃兴起，形成一个虚拟的公民社会。他们通过互联网，一呼百应，形成强大的舆论权力，在揭露党政官员的贪污腐败丑闻上显示巨大的威力。网民自发地搞所谓"人肉搜索"，群起追踪坏人坏事，使之无可遁形。当今世界，数量庞大、无所不在、掌握电脑技术的网民正在成为监督政府的主要力量，"网络民意"或"网络舆论"已成为现阶段最具影响力和实效的权力监督手段。由于互联网的开放性、匿名性、互动性等特征，为公民提供了更为自由、即时、充分的意见表达空间。普通网民轻松拥有了网络话语权，通过网络"短、平、快"地发表自己的看法，传播媒介正在从单向的转变为互动的传播媒介，客观上形成了来自民间社会的自发的公民意识教育"倒逼"机制。破解这一困境，一方面，应鼓励各级各类媒体开设公民教育专栏、专题，支持公民教育刊物和各类公民教育网站的发展，充分利用互联网等新媒体开展公民意识普及教育。鼓励和支持广播、电视、报纸、刊物、网络等大众传媒，善于并及时宣传能够反映良好公民意识的新事物、新典型；通过群众喜爱的名牌栏目，经常性地开展对公众参与民主和法治实践以及国家机关立法、执法、司法活动的正面宣传；积极开展舆论监督，有力地批评背离社会主义公民意识的违法犯罪现象；发动公民参与，对具有典型意义的有关公民意识问题的人和事展开讨论。实现上述各项目标，既需要国家从法律和物质上保障和扶持媒体的宣传自由，又要建立有效的媒体管理机制，从而实现公权引导、公众参与和媒体的良性互动。为此，我国应尽快制定新闻法，将包括公民意识教育在内的公益事项明确纳入大众传播媒体的社会责任范畴，并提供必要的经费和组织保障。另一方面，要鼓励和扶持公民意识教育文化产业的发展。从法治文化角度看，公民意识教育是更深层的法治文化教育。① 文化部 2003 年发布的《关于支持和促进文化产业发展的若干意见》将文化产业界定为"从事文化产品生产和提供文化服务的经营性行业"。2004 年，国家统计局在与中宣部及国务院有关部门共同研究的基础上制定的《文化及相关产业分类》，将文化及相关产业概念界定为：为社会公众提供文化、娱乐产品和服务的活动，以及与这些活动有关联的活动的集合，主要包括为社会公众提供书籍、报纸的出版、制作、发行等实物形态文化产品的活动；为社会公众提供广播电视服务、电影服务、文艺表演服务等可参与和选择的文化服务和娱乐服务；提供文物和文化遗产保护、图书馆服务、文化社会团体活动等文化管理和研究等服务；提供印刷设备、文具等文化、娱乐产品所必须的设备、材料的生产和销售活动；提供广播电视设备、电影设备等文化、娱乐服务所必须的设备、用品的生产和销售活动，以及与文化、娱乐相关的工艺美术、设计等其他活动。上述文化产业，都不同程度地包含着法治文化，而且由于法治文化的极强实用性和现实性，往往受到了普通大众的广泛喜爱。国家如果能够把必要的经费花在切实扶植这些法治文化产业的发展上，收到的公民意识教育效果一定是事半功倍的。

综上，追寻民主理论家们的思想精髓，梳理世界各国的法治实践，我们真切地体味到，由上而下的国家因素、由下而上的社会因素和由外而内的外部因素，共同构成了市民社会构建的多方面因

---

① 李林：《公民意识教育是更深层的法治文化教育》，载法制网，http://www.legaldaily.com.cn/0705/2007-11/20/content_743592.htm，2009-4-28。

素。① 其中，由上而下的国家因素主要表现为公权引导，由下而上的社会因素主要表现为公民参与和媒体传导，由外而内的外力外部因素主要表现为国家及国际组织的干预与影响（如世贸组织对中国市民社会构建的巨大影响等）。因而，简单说，剖却外部因素（本书暂且不谈该因素），公权的积极引导、公民的广泛参与、媒体的有效传导，三者的有机结合共同构成了现代社会公民意识教育的法治实践模式。"公权引导、公民参与和媒体传导联动"的公民意识教育法治实践模式，是一个有机统一的整体。借用毛泽东1935 年 12 月 27 日在《论反对日本帝国主义的策略》对长征意义的概括，公权引导酷似公民意识教育法治实践的宣言书，决定着法治国背景下公民意识教育的前进方向；公民参与酷似公民意识教育法治实践的播种机，构成法治国背景下公民意识教育的重要根基；媒体传导酷似公民意识教育法治实践的宣传队，构成法治国背景下更广意义上开展公民意识教育的重要手段与形式。如果说公权引导更多的是灌输意义上的单向教育、公民参与更多的是个体意义上的自我教育的话，媒体传导则更像是示范意义上的大众教育。公权引导和公民参与只有与媒体传导有机结合，才可能在点点滴滴的法治实践中收到事半功倍的公民意识教育效果。需要特别指出的是，这种教育机制，不仅需要公权引导、公民参与、媒体传导各自把自身的教育功能发挥到极致，而且需要三者之间的无缝对接和密切配合，从而在法治实践过程中真正形成一种有效联动的公民意识教育机制。

三、公民意识教育的法治实践方式

在依法治国的背景下，公民意识教育法治实践的方式很广泛。从法治实践的内容看，通过宪政法治实践、行政法治实践、刑事法

---

① 邓正来、景跃进：《建构中国的市民社会》，载邓正来主编：《中国社会科学季刊：总第 1 期》，社会科学出版社 1994 年版，第 50~52 页。

治实践等均可以从不同层面实现这一价值；从实现主体看，既可通过国家机关的立法实践、执法实践、司法实践、法治监督实践等实现这一价值，也可以通过公民学法、守法、用法等实现这一价值；还可以通过学校法制教育、媒体法治宣传等实现这一价值。本书侧重于研究成年人的公民意识教育，因此对学校法制教育中的公民意识教育基本不予论及。根据法治运行的规律以及具体法治实践与公民意识教育的关联度，本书按照立法—执法—司法—守法的法治运行逻辑，外加法治宣传，以宪政法治实践、行政法治实践和刑事法治实践为主要内容予以展开。

（一）法创制与公民意识教育

现代意义上的法的制定，也称立法、法创制，"通常是指一定的专门的立法机关依照一定的立法权限和立法程序制定、修改、废止规范性法律文件的专门活动"。① 新中国成立以来特别是改革开放 30 多年来，我国立法工作取得了举世瞩目的巨大成就。现行宪法 1982 年通过后又先后根据客观形势发展进行了四次修改，截至 2010 年年底，已制定 236 件现行有效法律、690 多件行政法规、8600 多件地方性法规，同时全面完成了对现行法律、行政法规和地方性法规的集中清理工作。② 部门规章和政府规章更是难以计数。目前，涵盖我国社会关系各个方面的法律部门已经齐全，刑法、民法、行政法等各法律部门中基本的、主要的法律已经制定，相应的行政法规和地方性法规也比较完备，法律体系内部总体上做到了科学和谐统一。一个立足中国国情和实际、适应改革开放和社会主义现代化建设需要、集中体现党和人民意志的，以宪法为统

---

① 张文显：《法理学》（第2版），高等教育出版社 2003 年版，第 224 页。

② 吴邦国：《在形成中国特色社会主义法律体系座谈会上的讲话》，载新华网，http://news.xinhuanet.com/video/2011-01/24/c_ 121017276_ 3.htm，2011-1-24。

帅，以宪法相关法、民法商法等多个法律部门的法律为主干，由法律、行政法规、地方性法规、规章等多个层次的法律规范构成的中国特色社会主义法律体系已经形成，国家经济建设、政治建设、文化建设、社会建设以及生态文明建设的各个方面总体实现了有法可依。这一立法成就的取得，客观上为通过法的制定实现公民意识教育目标提供了坚实的制度基础，也使得法制定中公民意识教育目标之实现成为可能。

通过法的制定，把公民的价值观念和价值标准凝结为固定的行为模式（原则、规则等）和法律符号而向人们灌输占支配地位的意识形态，使之渗透于或者内化在人们的心中，并借助人们的行为进一步广泛传播。由于法是人们在日常生活、生产、交往中反复实践的东西，人们可以在不知不觉中达到对法的认同、被法所同化，进而形成公民所需要的公民意识，如英国的《权利法案》、美国的《独立宣言》、法国的《人权和公民权宣言》等宪法性文件，之所以至今仍备受推崇，恐怕与贯彻其中的自由主义精神和天赋人权思想在资本主义世界的巨大公民意识教育作用密不可分。因此，通过法的制定实现公民意识教育，是法治实践的公民意识教育价值实现的基本方式。

（二）法治实施与公民意识教育

法创制是将社会关系上升为法，把具体的社会要求转变为抽象的、一般的法律规范的过程。而法治实施正好与其相反，是把法律规范中国家意志转化为现实关系，是从抽象到具体的过程。法作为一种社会规范，其在制定出来后实施之前，只是一种书本上的法律，处于应然状态，而法治实施，就是使法律从书本上的法律变成行动中的法律，使它从抽象的行为模式转变为人们的具体行为，从而从应然状态进到实然状态，从可能性进到现实性。2014 年 10 月 23 日，中共中央发布的《中共中央关于全面推进依法治国若干重大问题的决定》指出，法律的生命力在于实施，法律的权威也在于实施。

从践行法治实践的公民意识教育价值看，公民意识教育的生命力也在于法治的实施。通过法治实施达致公民意识教育，是法治实践的公民意识教育价值实现的重要形式和标志。通过法的实施而对本人和他人的公民意识产生直接或间接影响。例如，对公民行为大张旗鼓地鼓励、保护，可以对其他人的公民意识起到示范和促进作用，如大力保护公民的依法维权行为，必然会对现实生活中的暴力抗法、反复越级上访当事人以及其他公民的公民意识产生良好的示范引导作用；对非公民行为特别是违法犯罪行为的严厉制裁不仅能对违法者起到教育作用，而且可以教育其他人端正认识而不犯类似错误。1996 年制定的《行政处罚法》第 5 条明确规定，实施行政处罚，纠正违法行为，应当坚持处罚与教育相结合，教育公民、法人或者其他组织自觉守法，蕴含的就是这个道理。今天，疑罪从无、权力不得滥用、民可以告官等现代公民意识，就是通过《刑事诉讼法》、《民事诉讼法》、《行政诉讼法》等法律形式并历经大量的诉讼实践而为广大公民所熟知。① 从某种意义上讲，正是在法的实施过程中，不但社会秩序得到了很好的规范，而且个人的品格诸如法律意识、权利意识、义务观念、责任感、遵守法律和纪律的自觉性等公民意识，也才得以逐步健全。因此，我们才可以说，通过法的实施达致公民意识教育，是法治实践的公民意识教育价值实现的重要形式和标志。

（三）法治监督与公民意识教育

法治监督有广义与狭义之分。狭义的法治监督指有关国家机关依法定职权与程序对立法、执法、司法等法治运用过程的合法性进行的监督，而广义的法治监督指一切国家机关、社会组织和公民对法的全部运作过程所进行的监督。很显然，狭义的法治监督主要是国家监督，广义的法治监督还包括社会监督。就公民意识教育而

① 《刑事诉讼法》、《民事诉讼法》等法律都旗帜鲜明地将"教育公民自觉遵守法律"作为各自的基本任务之一。

言，国家监督无疑能够发挥一定的公民意识教育功能，也是我国法治监督实践一直以来大力加强的领域，但相比较而言，社会监督尤其是公民参与法治监督的公民意识教育功能更为明显。

社会监督与国家监督不同，它是由国家机关以外的政治或社会组织以及公民所进行的监督。由于其具有监督主体多元、监督内容广泛、监督方式灵活等明显特征，所以一个国家社会监督的广度、深度和完善程度，往往标志着这个国家民主、法治发展的程度，并与这个国家的民主、法治的发展和社会的进步成正比，它们互为表里、互为标志，相互促进。当代中国，进一步充实法治监督的公民意识教育功能，亟须在社会监督的培育上下真功夫。首先，在加强党的自身监督的基础上积极扶植民主党派和社会团体的监督。中国共产党作为执政党，在国家生活中居于领导地位。通过加强党的自身监督，尤其进一步推进党内民主，让党员真正有权选举和罢免党的各级组织的负责人，发挥党员的监督作用，是加强党的自身监督的必由之路。在这一基础上，采取切实措施，积极扶持民主党派和社会团体，通过各级政协组织以及其他有效形式对行使政治领导权的中国共产党的依法执政和其他公权力主体行为的合法性进行监督。其次，切实保障社会舆论的监督。舆论监督作为一种社会政治现象，从一开始就是作为一种社会控制手段而出现的。在人类创造法律之前，舆论就是调控社会的"司法行为"，所"司"之"法"主要就是人们在长期共同生活中形成的习惯与道德。恩格斯早就指出了这一点："氏族制度是从那种没有任何内部对立的社会中生长出来的，而且只适合于这种社会。除了舆论之外，它没有任何强制手段。"① 进入现代社会以来，新闻媒介逐步成为社会舆论最有效的载体，社会舆论监督也主要表现为借助传媒手段开展的新闻舆论监督。舆论监督的监督指向极其广泛，特别指向政党、国家机关、

---

① 《马克思恩格斯全集》（第21卷），人民出版社1965年版，第192页。

政治或社会组织运用公权力的行为，从而决定了舆论监督具有极强的公民意识教育性；而舆论监督本身所具有的涉及面广、影响力大、震动力强、透明度高、反应快、易取得轰动效应等特征，不单最能体现社会监督的广泛性、公开性、民主性、效率性等要求，而且也能满足公民意识教育的广泛性、公开性、民主性等内在要求。因而，从法律上保障公众的表达自由尤其是新闻媒体的相对独立性和新闻报道自由，就成为保障社会舆论监督发挥公民意识教育作用的基本前提。最后，完善公民的直接监督。公民的直接监督指向广泛，特别指向政党、国家机关、政治或社会组织运用公权力的行为。我国宪法对公民的监督权有很多规定，如公民依法享有选举权、罢免权、言论、出版、集会、结社、游行、示威等表达自由权，对国家机关工作人员的违法行为有申诉、控告、检举的权利，对国家机关及其工作人员的侵权行为有从国家获得赔偿的权利等。然而，客观地说，公民的上述监督权利，真正落到实处还有许多工作要做，尤其是需要国家为其提供充分的制度、程序、组织和物质上的条件和便利。

从一定意义上讲，公民积极参与法治监督实践，是近年来社会主义法治建设最大的成就，也是最能发挥公民意识教育作用的一个重要法治领域。但是，如何真正将公民监督与国家监督很好地对接，让发展中的公民监督与权力监督、行政监督以及司法监督等国家监督相得益彰，仍然是构建法制化的公民监督机制亟须创新的关键所在。当前，与公民意识教育相结合，可以从以下六个方面深入推进公民参与法治监督的制度机制建设：第一，构建网络监督机制。互联网科技的发展和普及，网民所显示出的影响力，不可等闲小觑。打开互联网，中国公众监督网、人民监督网、中国监督网、中国民间监督网、中国廉政监督网等数十家网站赫然显现。活跃在网络舞台上的网民，已经不再是个体意义上的公民，而是建立在网络媒体之上的一股强大的社会舆论力量，对公民意识教育具有强大的震撼力。"网民对于公共事务的积极参与对于整个中国社会的发展和进步，对于公共舆论空间的扩大起到了积极的作用。"① 近年来妇孺皆知的周久耕案②、"躲猫猫"案③以及"周老虎"事件④等就是网络监督的范例。而构建方便快捷高效的网络监督机制，实现网络监督的法治化，亟须尽快出台网络法等法律。第二，探索有中国特色的公民罢免制度。罢免制度是最能体现公民监督权的一种制度。我国目前主要有三种罢免制度，即人大罢免、选民或选举单位罢免和村民罢免制度。人大有权罢免的是本级人民政府的组成人员、人大常委会的组成人员和由它选出的人民法院院长、人民检察院检察长，选民或选举单位有权罢免的是自己选出的全国和地方各级人民代表大会的代表，村民有权罢免的是村委员会成员。建议首先可在县乡两级探索构建人大罢免与公民直接罢免或启动罢免程序

---

① 中国社会科学院：《2008 年中国互联网舆情分析报告》，载《人民日报》2008 年 12 月 22 日第 12 版。

② 周久耕原系南京市江宁区房产局局长，2008 年 12 月 10 日因公开扬言要查处低于成本价销售楼盘的开发商（以保护其房地产亲友的垄断价位），而被网民群起批评；继而因其被贴在网上的照片被细心的网友发现其所抽香烟竟是每条售价在 1500 元至 1800 元的名牌；后来又被网民发现他所戴手表也是高达万元，引起网民的强烈质疑和声讨，最后因涉嫌犯罪被司法机关查处。参见郭道晖：《论社会权力的存在形态》，载《河南省政法管理干部学院学报》2009 年第 4 期。

③ 2009 年 2 月，云南省晋宁县公安局和看守所谎称一囚犯李荞明死于监狱是因为他与人玩"躲猫猫"游戏碰墙致死，引起网民强烈质疑，促使云南省委宣传部门出面组织有网民代表参加的调查组，最终云南省政府于 2 月 27 日召开新闻发布会，通报"躲猫猫"事件原来是李荞明被看守所内牢头狱霸以玩游戏为名殴打致死。参见《公众追寻真相的能力就是社会进步的能力》，载《南方都市报》2009 年 3 月 1 日。

④ 2008 年，陕西农民周正毅在有关政府官员的怂恿下，炮制假照片，伪称发现已绝迹多年的华南虎，被网民群起从各方面以各种实证予以戳穿，终于迫使当地政府不得不认错道歉，并通过司法调查和审判宣布为伪造。参见《公众追寻真相的能力就是社会进步的能力》，载《南方都市报》2009 年 3 月 1 日。

并存的罢免制度，积累经验后再逐步推开。第三，全面推进人民监督员制度。让更多的普通公民进入检察部门、监察部门、预防腐败管理部门、审计部门等专司法律监督职责的国家机关，在监督其他国家工作人员的同时也监督上述国家监督主体及其工作人员。第四，构建规范的举报制度。可通过修改《行政监察法》、《信访条例》等法律法规或者制定举报法，形成一套运作规范，行之有效的监督制度。第五，从信息公开、法律保障、物质支持等方面为公民监督主动创造条件。各级各类国家机关应全面建立新闻发言人制度，全面发布各类信息，及时回答公众关心的各类问题；尽快制定社团法，从法律和物质上支持社会团体大力发展，逐步形成"以社会权力制衡国家权力"的强大力量，从而实现公众的批评、监督能够真正得到政府的尊重并切实采纳。第六，对积极参与法治监督的公民、组织给予必要的表彰和奖励，并将其纳入法治轨道予以规范和保障。

（四）法治宣传与公民意识教育

法治宣传，在官方文件中称作法制宣传教育，俗称普法教育，属于法学边缘学科研究的内容，与传播学、社会学、心理学都有交叉。法制宣传教育属于法律传播的一种，是通过一定的符号和媒介，普及、交流、共享有关法、法律、法治的信息，给予行为的指导和心理上的暗示，导向性地引起受众法律心理变化进而影响行为，以促进法律素质的优化。迄今为止，我国已经完成了五个五年法制宣传教育规划，正在进行第六个五年法制宣传教育。

法治宣传，既是教育活动，也是法治实践。讲其是教育活动，是因为法治宣传本质上是社会法治教育的一种主要形式，如我国自2001年起开展的"12·4"全国法制宣传日、从2006年开展的"百名法学家百场法治讲座"的法治宣讲等活动，都是很好的社会法治教育形式；讲其是法治实践，是因为与立法、执法、司法相比较，提高广大公民的法治意识更为重要，而公民的法治意识恰恰是可以通过法治宣传等教化形式予以实现的。从这一意义上说，法治宣传也是法治实践。今天，与现代传媒相结合的法治宣传，正日益成为藉由法治宣传提升公民意识的有效途径，亦即通过法治宣传在更广泛的意义上开展公民意识教育，这也正是信息时代践行法治实践的公民意识教育的最主要途径。我国业已开展的五个五年法制宣传教育和正在进行的第六个五年法治宣传教育都有很好的尝试。正是在这一意义上，我们说，通过法治宣传达致公民意识教育目标，是法治实践的公民意识教育价值实现的主要方式。

　　总之，无论是法创制的公民意识教育实践，还是法治实施和法治监督的公民意识教育实践，抑或法治宣传的公民意识教育实践，实际上都可以归结为公民意识教育法治实践的具体形式。党的十八届四中全会通过的《中共中央关于全面推进依法治国若干重大问题的决定》在谈到全面推进依法治国的总目标时，明确提出了新十六字方针，即"科学立法、严格执法、公正司法、全民守法"的目标。这一目标涵盖了中国特色社会主义法治体系的各个阶段，以下章节就对"公权引导、公民参与和媒体传导联动"的公民意识教育法治实践模式在科学立法、严格执法、公正司法、全民守法中的实践进行逐一探讨。

第三章　公民意识教育在
科学立法中的实践

　　中国特色社会主义法律体系形成后,"有法可依"的法治任务已基本完成,为立法而立法的时代已经过去,适应经济社会发展和社会主义民主法制建设的需要,提高立法质量,成为新形势下加强立法工作的首要任务。换言之,即需要全社会在立法的民主化、科学化、法制化等方面进一步向深入推进,进一步落实 2000 年通过的《立法法》所确立的权利保障立法、民主立法、公开立法等立法原则,就成为我国法创制的中心任务。笔者认为,这一立法进程与其说是提高立法质量的过程,不如说是通过法制定进行公民意识教育的过程。

一、公民意识教育在人权立法中的实践

　　探究人权立法的公民意识教育,一方面,需要厘清人权与公民权、人权教育与公民意识教育的关系。通过查阅大量资料并加以统计、对照与比较,我们发现,就使用而言,人权与公民权的内容大

体一致，多数场合下可以互相替代。① 例如，1791 年《法国宪法》
中的 13 项公民权利，除平等纳税、请愿权和弃儿残废人获得公共
救助权 3 项权利外，其余 10 项权利在《世界人权宣言》中均有反
映。1919 年德国《魏玛宪法》共设 38 项公民权，其中 26 项与
《世界人权宣言》的内容相同。1936 年《苏联宪法》中的 12 项公

---

① "人权"、"公民权"都是外来词，在外文中都是以不同的词汇表示
的：英语 human right, civil rights；法语 droits de l' homme, droits civiques；西
班牙语 derechos humanos, derechos civiles；德语 Menschenrecht, Bügerrecht。《辞
海》给出的定义为：人权是"人们应当平等地享有的权利"。公民权是"公
民依法享有的人身、政治、经济、文化等方面的权利。其中，由宪法规定的
称为公民基本权利"。显而易见，人权与公民权又是两个不同的概念。第一，
主体不完全相同。狭义的公民权仅限于有本国国籍的公民，且仅限单个人；
而人权的人指的是自然人，除本国公民外，还包括在本国领域内的外国人和
无国籍的人，除包括单个人外，还包括集体、群体，如民族、国家、妇女、
儿童等。第二，适用范围不同。在一个特定国家里，只有本国公民才享有公
民权，在该国的外国人和无国籍的人没有公民权，如各国宪法中规定，选举
权、被选举权、直接或派代表参与国家管理权、政治地位平等权、平等担任
公职权、全民公决权、自由回国权、担任总统和国会议员的资格等均属于本
国公民的专有权利，非本国公民不能享有；各种人权则适用于一国领域内的
所有人，包括外国人和无国籍的人。第三，属性不同。公民权仅有法律属性；
而人权除了法律属性外，还有道德属性和政治属性，即从每个人应当享有的
权利的角度看，人权属于道德范畴即应有权利，但从 20 世纪 50 年代起，以
美国为首的西方国家将人权作为国际政治斗争的工具，干涉其他国家的内政，
给人权涂上了浓重的政治色彩，因而人权又具有了政治属性。第四，表达方
式的差异。公民权一般各国都在宪法中明确规定；而人权，有的国家在宪法
中有规定，有的国家并未在宪法中规定（目前，将人权写入宪法的国家近 40
个）。当然，宪法中未规定人权的国家不等于没有人权，因为国际法也是人权
法的重要渊源，凡是加入人权公约的国家都必须尊重和保障相关人权。第五，
实施和监督机制的差异。公民权的实现靠国内法保障，有执法司法机关的监
督、社会监督、群众监督和舆论监督；人权的实现除了国内法和国内机关的
保障外，还有国际法和国际人权组织的监督。

民权利，在《世界人权宣言》中全部都有体现。又如，《世界人权宣言》中罗列的权利共 52 项，《公民权利和政治权利国际公约》中罗列的权利共 78 项，内容完全相同的有 34 项，还有一些内容是相近的，其余为随着形势发展新增内容或是对原有内容的细化。介于此，本部分不再刻意区分二者的细微差别，除特别说明外，统一使用人权这一普遍用语。而人权教育最早出自《世界人权宣言》，[①]是以尊重人权精神的修养为目的而进行的教育活动。[②] 作为引领人的灵魂的过程，其宗旨在于帮助人们了解"人之所以为人"、引导"人成其为公民"，从这一意义上讲，人权教育的核心是公民意识教育。另一方面，研究通过充实人权立法达致公民意识教育目标之实现，既要看到人权法本身所具有的巨大公民意识教育功能，也要认识到与人权立法相呼应的人权教育实践所产生的公民意识教育功能。换言之，充实人权法的公民意识教育、强化人权教育就成为世界范围内人权立法践行公民意识教育的两种重要方式。

（一）人权法与公民意识教育

人权法就其属性而言，主要归于实体法范畴。从国际人权立法的实践看，曾被马克思誉为世界上"第一个人权宣言"的北美《独立宣言》（1776 年），是世界范围内人权立法践行公民意识教育的先锋与楷模。《独立宣言》第一次以政治纲领的形式宣布了民主共和的原则，成了北美大陆 13 个殖民地人民反英斗争的旗帜。

---

① 《世界人权宣言》序言最后一段："因此现在，大会，发布这一世界人权宣言，作为所有人民和所有国家努力实现的共同标准，以期每一个人和社会机构经常铭念本宣言，努力通过教诲和教育促进对权利和自由的尊重，并通过国家的和国际的渐进措施，使这些权利和自由在各会员国本身人民及在其管辖下领土的人民中得到普遍和有效的承认和遵行。"第 26 条第 2 项规定："教育的目的在于充分发展人的个性并加强对人权和基本自由的尊重……"

② "人的安全网络"组织编写：《人权教育手册》，李保东译，生活·读书·新知三联出版社 2005 年版，第 19 页。

《独立宣言》提倡资产阶级的自由、平等和主权在民思想，否定封建等级制和专制统治，否定英国对殖民地统治的合法性，宣言宣扬的人权理念、民主思想、政府有限性原则和正当性原则，激励了一代又一代美国人为之奋斗，成为促使殖民地人民公民意识觉醒的重要因素。以 1776 年发表的《独立宣言》为标志，"人人生而平等"作为美国人民的信念和理想，一直指引着美国人民随后的各项权利斗争，后来废除奴隶制、禁止种族隔离以及提高妇女地位的斗争，《独立宣言》都是最有力的思想和武器。《独立宣言》作为一部纲领性文件，有力地推动了美国民主化的进程，对美国政治生活产生了经久不衰的影响。同时，《独立宣言》的发表也推动了世界公民意识教育的发展。法国的《人权宣言》（全称为《人和公民权利宣言》，1789 年），作为人类历史上第一部正式的人权宣言，就是以美国《独立宣言》为蓝本制定的。其郑重宣告的基本人权、人民主权、分权和法治原则，充分体现了近代宪政的基本精神，奠定了近代宪法的基础。两百多年来，人权宣言的精神、原则和规范已融入到法国社会生活的各个方面，不但形成了法国宪政文化的鲜明特色，而且对西方近现代的历史产生了深刻的影响。从一定意义上可以说，法国《人权宣言》是西方国家人权宣言的集中代表，从1776 年《人权宣言》到 1946 年《新人权宣言》草案，法国《人权宣言》的历史演变，反映了整个西方世界人权观念演化的历程，《新人权宣言》草案的诸多精神成为连结近代与现代西方人权的中介和桥梁。第二次世界大战结束后，作为对两次世界大战教训的反思与总结，联合国于 1948 年颁布了《世界人权宣言》，并以该宣言为基础，进一步通过了《经济、社会、文化权利国际公约》（1966 年）和《公民权利和政治权利国际公约》（1966 年），这两个公约及其两个任择议定书与《世界人权宣言》一起构成了公认的"国际人权宪章"。《世界人权宣言》继承、吸取了人类文化遗产中有关自由、平等、人权的一般观念，特别是近现代西方发达国家有关人权的立法和实施经验，基本上反映了第二次世界大战结束后世界人民争取、维护人权的强烈愿望和当时多数人的认识水平，与当时欧美各国人权立法中体现的人权概念相比，对人权主体的规定比过去明确与完全，对权利的具体规定比过去更为广泛，将权利和义务联系起来，否定没有义务、不受任何限制的绝对权利，要求各国建立一种使其所载的权利和自由得以充分实现的"社会的国际的秩序"，对人权的理论与实践作出了重大的贡献。尽管该宣言没有强制约束力，但它赋予了《联合国宪章》中使用的人权一词以实质性内容，其所确立的得到普遍接受的最低标准，至今仍是联合国为对各国人权的实施和遵守进行国际监督而发展出的一系列措施和程序的实体依据。1993 年，世界人权大会通过的《维也纳宣言和行动纲领》最终承认了所有人权的平等性、普遍性、不可分割性和相互依赖性，也承认了人权国际保护的正当合理性。如今世界上有 3/4 以上的国家既是《经济、社会、文化权利国际公约》的缔约国，同时又是《公民权利和政治权利国际公约》的缔约国。根据国际法，这些国家有义务保障这两个公约所规定的公民权利，并且就这些权利的国内实施接受国际监督。上述国际人权立法的实践清晰可见，人类迄今为止的人权立法实践无疑极大地促进了各国公民意识教育事业的发展。

我国对人权的立场和看法经历了一个逐渐转变的过程。改革开放以来，我国政府不仅在国内通过相应的立法逐步完善法制，而且积极参加国际人权对话和合作，批准和缔结了大量的国际人权公约，并认真履行国际人权条约下的义务，使我国的公民意识大为提高。1991 年，中国政府发表《中国的人权状况》白皮书，向国际社会阐明中国在人权问题上的原则立场；1993 年，在维也纳世界人权大会上，中国政府首次肯定了人权的普遍性价值；1997 年和1998 年又先后签署了《公民权利和政治权利国际公约》和《经济、社会、文化权利国际公约》，并于 2001 年批准了《经济、社会、文化权利国际公约》。此外，中国政府还批准了联合国的其他四个核心公约，即《消除一切形式种族歧视国际公约》、《消除对妇女一切形式歧视公约》、《禁止酷刑公约》和《儿童权利公约》。2004年，全国人大修改宪法，将"国家尊重和保障人权"正式写入宪法；2012年，"尊重和保障人权"又被写入新修订的《刑事诉讼法》。这些人权法方面的变化无疑是中国人权发展史上的里程碑事件，不但引起了国际社会的强烈反响，而且对全社会的公民意识教育影响深远。今后，根据"国家尊重和保障人权"的宪法精神，适应尽早批准《公民权利和政治权利国际公约》的需要，全面修改、完善以及制定以选举法、监督法、游行示威法等为核心，以政治参与为主要内容的法律制度，以刑法典、民法典、税法、不动产征收法、行政收费法、国家赔偿法等为核心，以人身权、财产权保护为主要内容的法律制度，以刑事诉讼法、民事诉讼法、行政诉讼法、行政程序法等为核心，以构建正当程序为主要内容的程序法律制度等，无疑应当成为我国进一步通过人权立法达致公民意识教育目标的重要内容与具体举措。

（二）人权行动与公民意识教育

公民意识教育绝不仅只是停留在纸上的人权法的启迪，还包括受人权法约束的切实可行的人权教育实践。1948年，联合国大会通过第217A（Ⅲ）号决议并颁布《世界人权宣言》后，大会即要求所有会员国广为宣传，并且"不分国家或领土的政治地位，主要在各级学校和其他教育机构加以传播、展示、阅读和阐述"。《维也纳宣言和行动纲领》在第一部分第33条更是明确强调："世界人权会议重申，依照《世界人权宣言》和《经济、社会、文化权利国际公约》以及其他国际人权文书，各国有义务确保教育的目的是加强对人权和基本自由的尊重。世界人权会议强调有必要在教育方案中加进人权主题，要求各国都采取这样的做法。教育应增进各民族、所有种族或宗教群体之间的谅解、容忍和友谊，能鼓励联合国为实现这些目标开展活动。所以，从理论和实践上开展人权教育，传播适合的资料，对于促进和尊重不分种族、性别、语言或宗教的所有个人的人权，可以发挥重要作用，应成为国家和国际一级教育政策的组成部分……"在第二部分（D）"人权教育"第78条开宗明义："世界人权会议认为，必须开展人权教育、培训和宣传，以便促进和实现社区与社区之间的稳定和谐关系，促成相互了解、容忍与和平。"作为对上述会议的回应，联合国大会1994年通过的《联合国人权教育十年行动计划（1995~2004年）》将人权教育的目标指向人格全面发展和加强对所有人权和基本自由的尊重，指出"人权教育应不止于提供信息，而应是一个全面的终身的过程，所有发展阶段和社会所有阶层的人借此学习尊重他人的尊严，并且学习在所有社会内确保此种尊重的方式方法"。随后，旨在推动人权宣传和人权教育普及的"世界人权日"（12月10日）、"世界人权牺牲者日"（6月23日）等纪念性节日相继设立，学校人权教育在各国蓬勃兴起，等等。

近年来，我国积极参加"联合国人权教育十年"等相关活动，通过法治宣传教育、公民道德建设等形式开展人权教育，并在法制教育中渗透、贯穿了人权教育的内容与精神，极大地提升了全社会的公民意识水平。特别值得一提的是，早在2009年4月，响应联合国关于制定国家人权行动计划的倡议，我国制定出台了《国家人权行动计划（2009~2010年）》，明确2009~2010年我国政府在促进和保护人权方面的工作目标和具体措施。该行动计划既是中国政府制定的第一个以人权为主题的国家规划和全面推进中国人权事业发展的阶段性政策文件，也是中国政府落实尊重和保障人权这一宪法原则，积极推动科学发展，促进社会和谐的重大举措和在人权领域做出的庄严承诺。该人权行动计划明确指出，中国政府坚持以人为本，落实"国家尊重和保障人权"的宪法原则，既尊重人权普遍性原则，又从基本国情出发，切实把保障人民的生存权、发展权放在保障人权的首要位置，在推动经济社会又好又快发展的基础上，依法保证全体社会成员平等参与、平等发展的权利。中国政府在治国理政中坚持发展为了人民，发展依靠人民，发展成果由人民共享，着力解决好人民最关心、最直接、最现实的利益问题，促进社会公平正义，努力使全体人民学有所教、劳有所得、病有所医、老有所养、住有所居；坚持以保证人民当家作主为根本，从各个层次、各个领域扩大公民有序政治参与，健全民主制度，丰富民主形式，拓宽民主渠道，依法实行民主选举、民主决策、民主管理、民主监督，着力保障人民的知情权、参与权、表达权、监督权。《国家人权行动计划（2009～2010年）》发布以来，在党中央、国务院的领导下，中央和国家机关各有关部门、各级地方政府依照"各司其职、分工负责"的原则，将行动计划纳入本部门、本地区的工作职责，采取切实有效的措施认真贯彻落实，各企事业单位、人民团体、非政府组织、新闻媒体、学术机构和社会各界积极参与行动计划的宣传教育和推动实施工作，促进了行动计划规定目标任务的完成。但也应当看到，我国的人权立法和人权教育起步较晚，在许多方面还有待进一步深化。特别是要清楚地看到，"把人当人"而不是禽兽、"把人当公民"而不是臣民，从而懂得尊重人的人格尊严与自由，珍视人的生命，保护人之为公民应有的基本权利，这样的观念转变绝不是一朝一夕就可以完成的，它是一个长期的过程。这需要"从政府到民间的整个社会转变对人权的态度，赋予人权正面的价值，引导民众形成正确的人权意识"。① 同时，为切实将人权教育落实在行动上，应该继续坚持每两年制定发布一次《国家人权行动计划》这样的阶段性政策文件，既以文件的形式明确人权行动的阶段性目标，又落实各级政府在促进和保护人权方面的工作目标和具体措施，同时也是对广大公民的一种实实在在地人权教育实践。此外，考虑到人权立法以及人权教育在我国起步较晚的实际，我国应该在宪法、立法法以及其他各项与人权教育有关的法律、法规中将履行国际公约所规定的人权教育义务明确作出规定，并尽快制定公民教育法，构建以公民教育法为统领的公民意

---

① 王孔祥：《国际人权法视野下的人权教育》，时事出版社2008年版，第260页。

识教育法律体系。为此，既要通过适时修改教育法、义务教育法、职业教育法、高等教育法、民办教育促进法、教师法等已有教育法律和出台学校法、考试法等充实以学校教育为主导的公民意识教育法律制度，也要通过进一步完善未成年人保护法、残疾人保障法、妇女权益保障法、老年人权益保障法等宪法性法律和制定新闻法、普法法等以社会教育为重要引导的公民意识教育法律制度。唯有如此，人权行动的公民意识教育才能真正落到实处。

二、公民意识教育在民主立法中的实践

民主立法作为《立法法》所确立的一项基本原则，不仅是提高立法质量的有效方式，同时也是深入开展公民意识教育的重要途径。30 多年来，国家在民主立法方面积累了许多有益经验，对提高立法质量发挥了十分重要的作用。今天，迫切且要认真总结实践经验，从拓宽民主立法主体、创新民主立法形式、强化民主立法效力等方面深入推进民主立法，在民主立法方面迈出新步伐。

（一）拓宽民主立法的主体

我国的人民代表大会制度，决定了中国的立法是一种代议制立法。因此，拓宽民主立法的主体，一方面，要完善以权力机关立法为主体的立法工作机制。我国的权力机关既包括各级人民代表大会，又包括各级人民代表大会常务委员会。中国特色社会主义法律体系形成后，应该从严控制各级人民代表大会常务委员会的立法，适度扩大各级人民代表大会的立法；应该从严控制各级人大各专门委员会以及人大常委会组成人员独立起草法案和审议法案的工作，努力扩大人大代表参与立法的工作机制，充分发挥人大代表在立法工作和公民意识教育中的作用。另一方面，要采取切实措施鼓励公民参与立法。应该看到，提高立法质量，不是一件闭门造车的工作，需要调研，需要学习域外经验等。因而不掌握任何公共资源的普通公民参与立法，客观上需要一定的付出。公众参与立法，既然需要付出一定的精力和物力，就理应给予参与者一定的物质补助和

精神奖励。因为立法是具有普遍性的活动，立法行为与个人利益的关联性不如具体行政行为那样强，立法的这种特性决定了参与人的付出没有直接回报和好处，在此情况下，对于立法机关来说，应当坚持"不让参与者为了公共利益而使个人利益受损"① 的原则，对参与地方立法的个人给予一定的物质补贴，如参加立法座谈会、论证会、听证会等活动的差旅费、资料费、误工费等。除了物质补贴外，还可以从精神上给予参与人以褒奖，如将个人参与地方立法的活动情况，载入有关个人资料中，成为个人信用的一项内容，这样，在增强参与人参与地方立法的荣誉感的同时，也增强其再次参与的积极性。因此，无论是面向社会征求意见，还是要求专家或者部分代表开展座谈、听证，都应该尊重参与人的劳动，给予一定的报酬和奖励就成为必然。2006 年劳动合同法草案公开后，立法机构就收到 19 万多件立法建议，创下了中国重建法制后的新纪录。② 这样的公民参与精神若能给予适当的褒奖和鼓励，必然会进一步激发广大公民参与立法的积极性和主动性，客观上也会进一步提升公民意识，这也是提高立法质量的一项基础性工作。在这一过程中，立法机关一定要注意切实保护公民的这种参与热情。例如，2004 年北京市政府根据在"首都之窗"网站上公开征集的意见，取消了《北京市外地建筑企业在京施工监督管理规定（讨论稿）》的立法动议，并称今后也不再出台此规定。据此，有媒体以"8 个市民推翻一项立法动议"为题进行了报道。然而负责此项立法的官员在看到媒体报道时反驳说："不是公民推翻了立法动议，只能说

---

① 付鸿栋：《公众参与地方立法与构建和谐社会》，载《广东法学》2005 年第 6 期。

② 伟民：《公开立法推动民主立法》，载《中国纪检监察报》2008 年 7 月 7 日第 4 版。

公民的意见和我们相吻合，被我们采纳"。① 由此可见，不论是立法者利用各种形式"听取意见"，还是根据听取的意见改变、推翻立法动议，对于立法者而言，"听取意见"完全受控于立法者主观喜好，想听就听，不想听就不听。公民的意见仅仅是帮助立法者拓宽思路、提高智慧的材料。公民参与完全处于无保障的被动状态，守株待兔似地等待立法官员们恩赐机会。很显然，这样的立法思维无疑很容易挫伤公民参与立法的积极性。此外，实践中还要不断完善法律草案起草过程中的沟通协调机制，合理界分立法机关内部的分工协作关系，调动各方面的积极性，共同做好立法工作，同时对于公众提出的意见和建议，立法机关应及时反馈对意见的取舍情况，使立法机关与社会公众形成良好的互动。例如，据报道，全国道德模范陈光标有 10 条建议入选《国有土地上房屋征收与补偿条例》（征求意见稿），但这一消息并不是立法机关主动发布，而是媒体从建议稿和先后两部征求意见稿中对比得出。② 对于这样的消息，相信立法机关掌握的更多，立法机关若能主动并经常性地发布，必然会在全社会形成良好影响，无疑也是一种基于公权引导而开展的公民意识教育。

（二）创新民主立法的形式

2000 年生效的《立法法》明确规定，立法应当体现人民意志，

---

①　李雪沣：《话说公众参与立法》，载《法制日报》2004 年 5 月 13 日第 3 版。

②　该报道并不是国务院有关部门主动发布的，而是人民网比对国务院 2010 年 1 月 29 日公布的该征求意见稿、1 月 16 日陈光标在该网发表的《立法应当在公共利益与公民利益之间寻求平衡——关于房屋征收与拆迁补偿立法的几点思考》的署名文章后，结合 2009 年 12 月 30 日陈光标受邀参加国务院法制办组织召开的《国有土地上房屋征收与拆迁补偿条例（草案）》座谈会的事实而得出的。参见《全国道德模范陈光标 10 条建议入选"拆迁补偿条例草案"》，载人民网，http：//society.people.com.cn/GB/10879882.html，2010-3-6。

发扬民主，保障人民通过多种途径参与立法活动。在中国特色社会主义法律体系形成后，应区别立法的不同阶段，积极探索公众有序参与立法的途径和形式。要科学合理设定立法项目，健全立法项目论证制度。项目设定既要有一定的前瞻性，做到立法工作的未雨绸缪，更要积极回应社会大众的现实关切。例如，2011 年 12 月 11 日国务院启动的"校车安全条例"的立法，就是一个对全社会长期以来关注的一个未成年人保护的立法活动。在法案的形成阶段，要充分发挥论证会、座谈会、听证会以及面向社会征求意见等的作用，广纳民意；在法案的形成上就应当不断提高法案质量，对于法律关系比较复杂、与公众利益关系密切或者分歧意见较大的法案，应采取积极而慎重的态度，需要调研的深入调研，需要协商的应反复多次协商，需要论证的应开展充分的论证工作，不要求快，直至在各方面基本取得共识后再形成正式法案。法案形成后，起草机关和审议机关原则上应面向社会征求意见。例如，我国在制定《行政许可法》时，前后经历了近十年时间，最先由人大法工委起草《行政许可法》（征求意见稿），因国务院存在不同意见，最后搁置多年，直至全国人大常委会换届，又交由国务院牵头起草，最终面向全民征求意见形成法案后历经四次审议得以通过。

对听证会、论证会、座谈会等民主立法形式，我国的相关法律法规早有规定，实践中也开展的轰轰烈烈，本书不再赘述，但对面向社会征求意见，并没有作出普遍性、强制性规定。笔者认为，中国特色社会主义法律体系基本形成后，作为民主立法形式的创新，面向社会征求意见应当成为今后一项落实公众参与立法、推进公民意识教育的重要制度。首先，立法面向社会征求意见，我国已经初步积累了一定的经验。以法律的制定为例，到 2010 年年底，在我国已制定的 236 部现行有效法律中，据不完全统计，面向全民征求意见的近 20 部。① 面向全民征求意见的法律草案占到已制定法律的近 1/10。其次，立法面向社会征求意见，在新时期新阶段具有现实需要。党的十七大报告提出："推进决策科学化、民主化，完善决策信息和智力支持系统，增强决策透明度和公众参与度，制定与群众利益密切相关的法律法规和公共政策原则上要公开听取意见。"② 温家宝总理在 2008 年政府工作报告中也指出："政府立法工作要广泛听取意见，制定与群众利益密切相关的行政法规、规章，原则上都要公布草案，向社会公开征求意见。"考虑到中国特色社会主义法律体系已基本形成，但进一步提高立法质量的社会根基——公民意识教育的任务还任重而道远，加之任何法律、法规和规章在本质上都与群众利益相关（只是密切程度有差异）③，将征求意见纳入今后立法的必经程序既有其必要性，也有其可行性。有学者认为，"根据一般的代议制民主理论，立法权应由民主选举产生的专门立法机关来行使，征求公民的意见也就不必然成为立法程

---

① 1954 年宪法、1982 年宪法、全民所有制工业企业法（1988）、行政诉讼法（1988）、香港特别行政区基本法（1988 征求意见稿、1989 基本法草案）、集会游行示威法（1989）、澳门特别行政区基本法（1991 征求意见稿、1992 基本法草案）、土地管理法（1998 修订草案）、村民委员会组织法（1998）、合同法（1998）、婚姻法（2001）、物权法（2005）、劳动合同法（2006）、就业促进法（2007）、水污染防治法（2007）、社会保险法（2008）等。

② 胡锦涛：《高举中国特色社会主义伟大旗帜为夺取全面建设小康社会新胜利而奋斗》，人民出版社 2007 年版，第 29~30 页。

③ 事实上，任何立法都与公民、至少是部分公民的切身利益有着或多或少的联系，因此支付一定的民主成本，不仅是值得的，也是必须的。比如，在我国香港地区，所有法律法规出台前，不仅发布相关的民意调查结果，还将立法内容印刷成小册子到公共场合派发，并在公共传媒上发布广告，征求民众的立法意见。

序的一部分"。① 这一认识实乃对征求意见的误解与误读。征求意见，本质上是一种参与民主而不是直接民主，与加强代议制民主建设不但不矛盾，而且还是对代议制民主形成有益补充。公众的意见对于立法事实上一般只产生参考的效力，不能也不会代替立法机关作出最终的立法决断，各级各类立法机关大可不必对征求意见畏首畏尾乃至于自我设限。相反，应当在总结已有经验的基础上，对征求意见的客体、时限、频次、结果等作出明确的具体规定。剖析已面向社会征求意见的近 20 部法案，征求意见在立法实践中的随意性暴露无遗。例如，1998 年村民委员会组织法草案面向社会征求意见，但同期制定的居民委员会组织法就没有向社会征求意见等。至于征求意见的对象、时间、次数、阶段等更是缺乏统一规定，如土地管理法、婚姻法等针对修订草案面向全民征求意见，而香港特别行政区基本法、澳门特别行政区基本法则分别针对征求意见稿和草案两度面向社会征求意见，征求意见的客体明显不统一；在征求意见的时限上，香港特别行政区基本法草案征求意见长达 8 个月，1982 年宪法征求意见约 4 个月，而集会游行示威法草案只有约 1 个月，征求意见时限长短随意性很强；1982 年宪法草案面向社会征求意见当年就通过，而 2008 年社会保险法草案面向社会征求意见后 2010 年才通过，征求意见与法律通过间隔时间长短不一，立法对民意的回应效果自然也有差异；1998 年土地管理法修订草案是根据委员长会议的建议，全国人大常委会直接决定将国务院提请审议的中华人民共和国土地管理法（修订草案）交由全民征求意见，劳动合同法草案、社会保险法草案等经全国人大常委会初次审议后由全国人大常委会决定交由全民征求意见，婚姻法修正案草案、物权法草案等经全国人大常委会两次审议后由全国人大常委会决定交由全民征求意见，法律草案征求意见的时间选择并不统一，

---

① 王锡锌：《公众参与和中国新公共运动的兴起》，中国法制出版社 2008 年版，第 186 页。

等等。根据我国具体的立法实践，可以考虑在法案形成后交付立法机关审议前首先针对原始法案面向社会征求意见，交付立法机关审议后根据法案与群众利益的密切程度并视分歧程度可将经审议的法律草案面向社会二次征求意见；根据法案的重要程度，区别基本法律、一般法律、与群众利益密切相关的行政法规、一般行政法规、与群众利益密切相关的地方性法规、一般地方性法规、与群众利益密切相关的规章、一般规章，分别设定征求意见的期间，原则上基本法律、与群众利益密切相关的行政法规、地方性法规与规章不得少于60天，一般法律、行政法规、地方性法规与规章不得少于30天。考虑行政立法在效率方面的特殊要求，行政立法的征求意见可适当短于人大立法。

（三）强化民主立法的效力

2000年通过的《立法法》对全国人大立法、地方人大及其常委会立法、规章制定的听取意见和征求意见并没有明确规定，只是对全国人大常委会立法、行政法规制定的听取意见和征求意见作出了明确规定。除了严格按照已有规定落实强化相关民主立法活动的效力外，当前，为强化民主立法的效力，切实推进立法实践的公民意识教育，建议通过修订《立法法》、《行政法规制定程序条例》、《规章制定程序条例》以及出台行政程序法，增加非经听取意见与征求意见等民主立法程序的法案不得通过的规定，并对全国人大立法、地方各级人大及其常委会立法的听取意见与征求意见作出明确规定。特别需要指出的是，听取意见与征求意见，应当贯穿所有立法活动的立项、起草、审议等全过程，对征求来的意见建议进行汇总整理后应予以公布，①，并在法案审议中说明采纳或不予采纳的具体事由。唯有如此，民主立法的公民意识教育价值才能得以充分彰显。

三、公民意识教育在公开立法中的实践

立法民主是以立法公开为前提的，立法公开是立法民主的应有之义。公开立法是指将立法程序的各个阶段及其阶段性成果向社会公开。在我国《立法法》中，并没有关于立法信息公开的程序性规定。实践中，一谈到信息公开，人们习惯性地认为仅仅是指政府信息的公开，其实信息公开的主体不仅仅局限于政府，还包括人大、政协、法院、检察院等所有公权力主体的信息和活动的公开，其中，以人大为龙头的立法机关的信息对外公开是保障人民监督权的前提，这中间自然包括了立法公开。像古罗马的恺撒用很小的字写下已经通过的法律条文，并将它挂在高大的柱子上让人看不清上面写的究竟是什么，就是典型的立法不公开，在现代社会，这无疑是一个天大的笑柄。今天，应该看到，信息时代的来临使得国家在

---

① 2001年婚姻法修改草案征求意见，全国人大就曾公布过征求意见情况。参见《百姓提了许多建议 人大公布婚姻法征求意见情况》，载搜狐新闻，http://news.sohu.com/16/97/news144919716.shtml。2005年物权法草案征求意见，先后四次公布征求意见情况，即7月10日全文公布物权法草案后，7月27日、8月10日两次对收到的各地人民群众意见进行整理并对主要意见作出简报公布，并公布截至8月20日收到的群众意见为11543件，到了截止日期后的9月6日又对征求到的全部人民群众意见进行整理并对主要意见作出简报公布。参见《各地人民群众对物权法草案的意见（一）》，载国务院法制办公室，http://www.chinalaw.gov.cn/article/xwzx/fzxw/2009/200509/20050900060092.shtml；《各地人民群众对物权法草案的意见（二）》，载搜狐新闻，http://news.sohu.com/20050811/n226643923.shtml；《各地人民群众对物权法草案的意见（三）》，载中国人大网，www.npc.gov.cn/npc/old-archives/zht/zgrdw/common/zw.jsp@label=wxzlk&id=341384&pdmc=1502.htm。

社会治理中面临着更为紧迫的信息公开诉求，立法也不例外。与人权立法、民主立法相比，公开立法蕴藏着更广阔、更深入的公民意识教育功能。

（一）以民主立法推进公开立法

公开立法体现了人民当家做主的要求。倘若缺失立法的公开性，立法的民主性便如沙漠之塔。而民主立法的主体从立法机关拓宽到公民、法人及其他组织，民主立法的形式从举办听证会、座谈会、论证会到面向社会征求意见，从程序的角度看，其实也是立法从个案公开走向常态公开、形式公开走向深度公开的公开过程。以面向社会征求意见的法律与地方性法规制定为例，自1954年新生的共和国公布第一部宪法草案，特别是1982年公布第四部宪法草案伊始，立法的个案公开时不时地见诸报端。如前所述，在20世纪80年代，我国在全民所有制工业企业法、行政诉讼法、集会游行示威法、香港特别行政区基本法、澳门特别行政区基本法等法律的制定过程中就开启了公开立法，90年代末，土地管理法修订案、村民委员会组织法修订案、合同法的法律草案相继公之于众，面向社会广泛征求意见。进入21世纪以来，物权法、劳动合同法、就业促进法、水污染防治法修订案的法律草案先后公开征求意见，及至2008年，十一届全国人大常委会委员长会议作出决定，全国人大常委会今后审议的法律草案，一般都予以公开，向社会广泛征求意见。然而，与已经通过的数以万计的法律、法规以及规章相比，不但能够享受"全民立法"这种特殊待遇的法案凤毛麟角，而且在切实落实立法结果公众普遍知晓方面还有许多工作要做。例如，尽管权力机关多年来一直宣示要公布重要的法律草案，但由于缺乏硬性规定以及具体标准，像行政处罚法、行政许可法、治安管理处罚法明显重要的行政法草案，就并未正式公布。至于在地方立法中，这种随意性就更为常见。当然，立法公开，绝不仅仅是面向社会征求意见，实际上应当是从法律到地方性法规，从行政法规到规章，实现所有法案制定过程的"全公开"，让所有的法案真正享有平等、开放的"民主立法待遇"。这样做，不仅关乎立法的公平、公正，更是藉由公开立法进行公民意识教育的一种有效形式。

法案"全公开"，包括两个方面，一是所有法案全公开，包括所有法律、行政法规、地方性法规以及规章等；二是与法案相关的立法背景、立法意图、立法术语以及典型案例等也要全公开。目前的法律草案"全公开"所延伸的公民意见"全征集"，开辟了这样一条立法改革路径：即以立法民主推进立法公开，再从立法公开走向立法公正。正是在这样的立法公开实践中，公民不但受到了法律教育，更重要的是通过法案"全公开"进一步知晓了自己应该享有哪些公民权利，如何将自己应该享有的公民权利以法的形式规定下来。也正是在这一过程中，公民的主体地位得以彰显，公民意识得到了进一步提高。

（二）以立法过程公开实现立法全公开

一个完整的立法过程，包括立项、起草、审议、通过等多个环节，每个环节又包含诸多反复。以立法过程公开实现立法全公开是立法公开的必由之路。这方面，国外有许多好做法值得借鉴。从世界各国的立法实践看，美国的立法公开已形成完整的制度。在立法性文档的公开方面，定期通过正式出版物发表规范性文件的草案、说明及正式文本，同时公开议会为立法活动进行的各种准备活动、会议资料；在立法会议的公开方面，1976 年美国国会通过的《阳光下的政府法》开创了现代立法公开制度的新篇章，该法对大约 50 个联邦会议、委员会和机关的例行工作方式进行了规定，主要是有关公开举行各种会议的规定。[①] 法国宪法规定，全部议事记录在政府公报上发表。日本宪法规定，两议院分别保存各自的会议记录，除认为秘密会议记录中应特别保密者外，均须发表，公布于众。各国都普遍强调议会会议的公开举行，并对举行秘密会议作了

---

① 毕可志：《论建立和完善立法公开制度》，载《吉林省经济管理干部学院学报》2003 年第 6 期。

严格限制，有的国家还对保障报道自由在宪法上作了规定，如奥地利宪法规定，如实报道国家议会及其下设委员会公开会议的活动，一概不受追究。在我国，时任全国人大常委会副秘书长、法律委员会副主任委员的乔晓阳从实务的角度主张，立法公开应包括公开立法规划、公开法律草案、公开法律草案的审议、公开征求意见的情况以及公开相关的立法文件和资料。① 这样做，不但有利于防止"国家立法部门化，部门利益法律化"，而且有助于更广泛地汇集民意。特别是立法审议面向新闻单位开放、安排电视或者网络进行直播，无疑能够极大地提升全社会的公民意识水平。郑州大学教授苗连营认为，立法过程的全方位公开应包括立法信息和资料的公开、议事过程的公开、保障报道自由、立法成果的公开等。② 其中在立法信息和资料的公开方面，应注意公开公众参与立法的途径和方式；在议事过程公开方面，应准许公众旁听；在媒体报道方面，应尊重媒体的新闻报道权，这类报道应当是基于立法公开原则的自觉行为，而不能仅仅是从政治宣传的角度所作的法制宣传或舆论导向，同时，还应注意对立法过程中具体的审议、讨论、辩论以及立法背景、立法后果分析、利益的冲突与协调等内容进行报道，以便公众能从这些报道中充分了解立法活动的实际运作过程以及立法的理由、背景、法的精神和主要原则，并积极有效地介入立法程序以将自己的愿望反映到法律条文之中去。笔者认为，现阶段，我国以立法过程公开实现立法全公开亟须着力做好以下工作：一是要及时公开立法规划，包括立法规划的形成过程以及背景资料等。二是要及时公开与立法有关的草案文本、立法说明、背景资料，以及立法过程中的各种议事、发言记录，等等。三是要公开立法机关的立法

---

① 乔晓阳：《推进立法公开、促进立法民主》，《人民日报》2005年8月20日第7版。

② 苗连营：《程序公开与立法民主》，《法制日报》1999年6月3日第3版。

过程，吸收公民列席旁听，并通过网络、报刊、电视直播等方式，向社会清晰展示民意代表审议、讨论立法的全过程。重要的法案要组织召开专门的立法听证会，并将听证会过程面向社会公开。一个成功的事例是 2005 年 9 月 27 日，全国人大法律委员会、财经委员会和全国人大常委会法工委联合成功举办了个人所得税工薪所得减除费用标准听证会，这也是《立法法》规定立法听证制度以来全国人大常委会立法中举行的第一次听证会。三部委按照"东、中、西部地区都有适当名额，工薪收入较高、较低的行业、职业都有适当名额，代表不同观点的各方都有适当名额的原则"，从 4982 件公众报名申请中遴选 20 人作为公众陈述人，并确定了 20 名听证旁听人，同时允许电视、网络、报刊等新闻媒体进行全程直播和实时报道。客观地说，我国最近 5 年个人所得税工薪所得减除费用标准能够从 800 元到 1600 元、再到 3500 元的跨越式发展，固然有经济快速发展的基础，但恐怕与个人所得税立法全面公开而使得公民的纳税意识迅速提升的关系更为密切。

（三）以公开立法实现立法过程成为普法过程

在我国，普法一般被认为是司法行政机关的专属职能，立法机关专司立法职能，并无普法职责。于是，尽管各级司法行政机关绞尽脑汁试图送法下乡、送法进城，但效果总是不尽如人意。相反，可能是立法机关的一次不经意的立法公开，却在社会上引发了巨大反响，几乎所有人都知晓了与这一立法相关的法案内容，其效果胜过十年普法。因此，如何通过公开立法使"立法过程成为普法过程"，[①] 正是我国当前迫切需要正视的一个现实问题。这里首先要解决一个观念问题，即立法机关本身也负有普法职责。这种职责不是可有可无的职责，而是法定职责，是应当纳入考核的法定职责。

---

① 吴邦国：《在形成中国特色社会主义法律体系座谈会上的讲话》，载新华网，http://news.xinhuanet.com/video/2011 - 01/24/c_ 121017276_3.htm，2011-1-24。

与司法行政机关专门普法的职责行使方式所不同的是，立法机关是在立法过程中普法，是事前和事中普法，而司法行政机关的普法是普法职能的专门行使，是事后普法。我们要清楚地认识到，立法机关的普法有其自身的优势，它更了解法律的本意，更容易在法案的形成过程中广纳民意，也更容易吸引公众眼球而诱导其参与其中，其蕴含的公民意识教育效果远大于司法行政机关普法过程中公民意识教育的效果。

第四章 公民意识教育在
严格执法中的实践

　　"执法是最广泛的最普遍的实施法律的活动，是法律实现的主要途径。"① 执法即法律执行，广义的执法包括法的适用或司法，狭义的执法仅指行政执法。本书从狭义上使用执法。与立法相比，执法与公民的关系更为直接，执法实践的公民意识教育更为直接。2011 年通过的《全国人民代表大会常务委员会关于进一步加强法制宣传教育的决议》指出：依法行政、公正司法是法制宣传教育最有效的实践。同理，公正而高效的执法活动，教育与执法相结合原则的全面贯彻，是执法实践发挥公民意识教育的最好形式。

一、公民意识教育在依法行政中的实践

　　公正而高效的行政执法活动，既是法律作用或功能在实际生活中的真实展示，更是驱动公民意识提高的一个重要因素。与我国"政府推进型"法治化模式相适应，公民意识的提升也需要依赖政府主导来逐步实现。政府在执法过程中切实将法律规定的公正以及依法赋予公民的实惠体现在公民身上，客观上成为提升公民意识的一个十分重要的问题。因为，当"良法"的作用、功能真正惠及

---

　　① 张文显：《法理学》（第 2 版），高等教育出版社 2003 年版，第 264 页。

公民，当法律被公正地执行和遵守，当公民的权利和利益被确实地保护，当社会秩序得以正常维持的时候，公民知识、公民情感、公民意志等理论化的东西就会在公民的体验中得到验证，法律的规定与执法实际运行就形成合力，使广大公民的参与意识、主体意识等公民意识不断增强。因此，如何在建设法治政府、服务政府、责任政府的过程中有意识地强化公民意识教育，就成为藉由依法行政达致公民意识教育必须直面的问题。

在建设法治政府的过程中践行公民意识教育，核心是切实落实程序行政理念。世界范围内的行政法治实践早已表明，行政法主要是程序法，因而行政过程也主要是一个程序过程。我国的行政法治实践起步较晚，20世纪80年代的行政法是学习苏联的经验，因应计划经济的需要，过分强调如何运用行政权去进行管理，去高效地实现巩固政权和建设国家的目标，以致学界形成"管理论"学说。在这一过程中，人们显然不会也不可能过多地考虑控制和制约行政权的问题，程序行政也无从谈起。20世纪90年代中期，以罗豪才为代表的学者注意到随着《行政诉讼法》、《行政复议条例》、《国家赔偿法》、《行政处罚法》等法律法规的陆续出台，行政法开始调整监督关系而不再是纯粹的管理关系，从而提出"平衡论"学说，主张"行政权既要受到控制，又要受到保障；公民权既要受到保护，又要受到约束；行政权与公民权之间也应既相互制约，又相互平衡"。① 在这一过程中，行政程序法和行政诉讼法作为平衡行政实体法的天平一端开始发展，程序行政开始受到重视。然而，作为程序行政发展的标志，我国的行政程序法虽多次列入全国人大的立法规划，但时至今日依然看不到出台的时间表，这从一个侧面说明实现程序行政在我国还任重而道远。至于藉由程序行政提升公

---

① 罗豪才、袁曙宏、李文栋：《现代行政法的理论基础——论行政机关与相对一方的权利义务平衡》，载罗豪才主编：《现代行政法的平衡理论》，北京大学出版社1997年版，第17页。

民意识则更需要开展诸多扎实而实际的工作。笔者认为，当代中国，公众参与行政过程，应当成为程序行政实践践行公民意识教育的重要途径。这种参与，从主体的角度看，既包括个体化参与即公民参与，也包括组织化参与即公众参与，特别是充分重视组织化对公众参与过程的影响和"分散利益组织化"作为公众参与的社会基础之于"大众社会"向"公民社会"转型的重要意义。① 从内容的角度看，既包括公众参与开放政府的架构，也包括公众参与行政法规、规章、其他规范性文件等行政规则的制定和行政决策的过程，还包括公众参与具体的行政执法和其他行政行为的过程。从形式的角度看，既包括诸如听证会、座谈会、论证会、咨询会、面向社会征求意见等听取意见式的公众参与，也包括行政契约、行政指导等合意式的公众参与，也包括协商民主理念指引下的协商性公众参与。在公众藉由行政程序广泛参与行政活动的过程中，其公民意识自然会得到不断提升。

在建设服务政府和责任政府的过程中践行公民意识教育，核心是切实落实服务行政理念和责任行政理念。在 20 世纪 80 年代初，初创的行政法学曾经一度把"为人民服务"作为我国行政法学的理论基础，进而提出"服务论"学说。但就当时的行政法治实践而言，正如论者后来所言，这一认识尽管与我国的国体政体相一致，也代表了行政法发展的方向，但显然意识形态色彩多了些，理想成分多了些。时至今日，行政法治建设历经 30 余年锤炼，服务型责任政府的理念已经开始深入人心。② 藉由服务行政和责任行政

① 王锡锌：《公众参与和行政过程——一个理念和制度分析的框架》，中国民主法制出版社 2007 年版，第 40~45 页。

② 上述论点分别见诸于应松年、朱维究、方彦：《行政法学理论基础问题初探》，载《中国政法大学学报》1983 年第 4 期；朱维究：《行政法的理念：服务、管理、法制监督》，载《中外法学》1996 年第 5 期；朱维究：《走向服务型责任政府——中国 30 年行政法制建构》，载《中国法学会行政法学研究会 2008 年年会论文集（上册）》。

提升公民意识的条件已经具备。我国近年来从中央到地方各级各类政府推行的"民生"工程、"惠民"工程，诸如干部下乡、粮食直补、最低生活保障制度等，实际上就是藉由服务行政实践践行公民意识教育的有效形式。这里需要指出的是，在"民生"工程、"惠民"工程的建设过程中，需要教育引导政府真正从理念上认知"服务"是政府职责所在而不是对公民的"恩赐"，教育引导公民真正从观念上认知"接受服务"是公民权利所有而不是政府的"恩赐"，这同样需要法治的保驾护航。以校车服务为例，由政府为农村不能就近入学的中小学生提供校车服务，无疑是一项"惠民"工程，但绝不能理解为这是政府对农村不能就近入学的中小学生及其家长的"恩赐"，实乃《宪法》和《义务教育法》所规定的政府保障公民人身安全和受教育权的基本职责所在。中小学生能够就近入学是他们应有的权利，不能就近入学的中小学生可以乘坐合格的校车、校车安全得到最大限度的保障，是他们应有的权利，这正是《校车安全管理条例》出台的权利基础所在。因此，在建设服务政府和责任政府的过程中践行公民意识教育，不但要实实在在地多做事关民生利益的"惠民"工程，更要在行政法治的基础上转变服务行政、责任行政的理念，这样才能真正提升全社会的公民意识水平。

二、全面贯彻教育与执法相结合原则

执法实践的公民意识教育，实际上同时也是教育与执法相结合原则在执法实践中的具体体现。教育与执法相结合，一直是我国行政执法的一个重要原则。1986 年通过的《治安管理处罚条例》第4 条规定，公安机关对违反治安管理的人，坚持教育与处罚相结合的原则。1994 年通过的《监狱法》第3 条规定："监狱对罪犯实行惩罚和改造相结合，教育和劳动相结合的原则，将罪犯改造成为守法公民。"2005 年通过的《治安管理处罚法》第5 条第3 款重申：办理治安案件应当坚持教育与处罚相结合的原则。1996 年通过的

《行政处罚法》第 5 条规定，实施行政处罚，纠正违法行为，应当坚持处罚与教育相结合，教育公民、法人或者其他组织自觉守法。1997 年通过的《行政监察法》第 5 条规定，监察工作应当实行教育与惩处相结合。2005 年通过的《公务员法》第 55 条规定，公务员违纪行为情节轻微，经批评教育后改正的可以免予处分。2011年通过的《行政强制法》第 6 条规定，实施行政强制，应当坚持教育与强制相结合。其他诸如《行政复议法》、《行政许可法》尽管没有对此作出明确规定，但像行政复议应当遵循公正、公开的原则，设定与实施行政许可应当遵循公开、公平、公正的原则等也在一定程度上内涵了教育与执法相结合的精神。我国目前尚未制定统一的行政程序法，但地方层面已经制定的三部行政程序政府规章同样体现了教育与执法相结合的精神，如目前仅有的两部地方政府规章《湖南省行政程序规定》（2008 年通过）、《山东省行政程序规定》（2011 年通过）都规定，行政执法直接影响公民、法人和其他组织权利义务且不属于必须立即执行的，行政机关应当先采取教育、劝诫、疏导等方式，促使其自觉履行法定义务、纠正错误。违法情节轻微，经教育后自觉履行法定义务，且未造成危害后果的，可以不予追究法律责任。

在法的实施成为社会主义法治建设的中心任务之后，如何将教育与执法相结合的原则全面贯彻到执法实践中，需要我们进行系统的思考。首先是教育什么？一般的理解，是教育公民守法。就像对法的教育作用的理解一样，这种理解难免偏窄，更深层次应该是公民意识教育，亦即教育公民在自觉守法的同时学会用法，遇到问题勇于拿起法律武器。其次是谁教育和怎么教育的问题。谁教育，解决的是教育主体的问题。一般认为，执法教育的主体是执法者。教育与执法相结合要求执法者在执法的同时对行为人进行必要的教育引导，使其对合法行为有更清晰地认知，对违法行为有更深刻地反省。这样的执法素质，无疑不可能是每一个行政机关工作人员都先天具备的，因而，进一步追问，执法者所属的行政机关或者专门的行政机关也负有教育责任，不但应该定期对其执法人员开展公民意识教育活动，而且应该针对共性的问题以某种格式化的方式教育所有公民。怎么教育，解决的是教育方式的问题。执法者的教育，一般是个案教育，即通过具体的个案执法，教育公民学法守法用法，如交警在处理违章行为的过程中向行为人讲解交通知识；执法机关的教育，一般是规范教育，有时也结合典型案例进行，如通过媒体或者公共场所公告的形式告知公民在某类行政执法活动中所依法享有的权利和行使这些权利的方式，或者对常见问题进行个案警示（如危险路段标示某某重大事故发生地等）。如果说执法者在执法过程中的教育是"面对面"的教育的话，执法机关的教育则是贯穿执法始终的"背对背"的教育，其中后一种公民意识教育的范围更广。两种教育方式相结合，共同成就了执法实践的公民意识教育功能。有这样一则执法实例，某小区毗邻街道，小区业主夜间经常把私家车停放在街道两侧，对通行产生了很大影响。考虑到违章车辆都是小区内的业主，交警没有首先采取处罚措施，而是在违章停放的车辆上张贴违章停车警示单，告知违章停车的车主在街道两侧夜间停放车辆属于违章行为，交警已按照违章停车进行了拍照留存，如果下次发现继续在此违章停车，连同本次一并按违章停放车辆拒不改正处罚。违章停车警示单贴出后，不但受到包括违章停车车主在内的广大业主的好评，而且收到了很好的执法效果，不但业主违章停车的行为大大减少，而且业主开始自觉配合交警阻止街道两侧停放车辆行为的发生。后来该交警队将这一执法方式推广到辖区内的所有居民区附近，同样收到了很好的执法和教育效果。当然，真正落实执法与教育相结合的原则，从根本上讲，还是要尽快出台行政程序法，将教育与执法相结合的原则、公民参与执法的理念等具体体现到行政执法程序的各个方面。当前，应当根据2008年5月1日施行的《政府信息公开条例》，逐步将表明身份、听取相对人意见和说明理由等作为行政执法的必经程序，从而构建与部门职责相适应的政府信息公开制度。尤其是行政程序法如果能将行政执法过程纳入法定公开范围并付诸实践，并且经由大众传媒传播，对所有执法者和社会公众无疑都是一种很好的公民意识教育。①

---

① 公开行政执法过程，既是"创造条件让人民批评、监督政府"的政府责任，也是大众传媒的兴趣点和优势所在。目前这一工作未能大力开展，不仅受制于相关法律规定的缺失，更重要的是受到行政执法机关主观上不愿意配合的掣肘。

第五章　公民意识教育在公正司法中的实践

　　司法作为保障社会公正的最后一道防线，在公民意识教育中发挥着最直接、最现实的作用。这一作用的发挥，从根本上讲莫过于公正司法。司法公正是司法永恒追求的目标，然而，司法公正的实现，毕竟是一项旷日持久、永无止境的系统工程，相对而言，司法公开更具有可操作性，通过司法公开促进司法公正，进而达致公民意识教育目标显然更为现实。

一、公正司法与公民意识教育

　　这里的公正司法，主要是从实体正义而言的，即指司法过程中形成公正的结果。公正司法的公民意识教育，直接作用于个案当事人，经由适当的方式传播开来又间接作用于全社会。在信息社会，公正司法的这种间接的公民意识教育功能更加彰显，应当予以足够的重视。在司法实践中，代表国家行使司法权的各级各类司法机关始终是司法活动的组织者和主导者，因而司法机关的任何作为都会对社会成员的公民意识产生积极或者消极的作用，而公正司法产生的作用无疑是正面的，积极的。从这一意义上讲，刑事、行政以及民事审判的公正都会对公民意识教育产生积极影响；由于刑事审判、行政审判中除了人民法院外，还有行使侦查权的公安机关、行使公诉权的检察机关和行使行政权的行政机关参与其中，因而刑事审判与行政审判的公正更具有公民意识教育意义。当代中国，充分彰显公正司法的公民意识教育功能，突出需要做好以下几方面的工作。一是切实解决民事诉讼"执行难"问题。客观地讲，民事诉讼"执行难"问题，极大地伤害了司法的公信力，在一定程度上也挫伤了公民通过司法手段解决纠纷的主动性和积极性。因此，要清楚地看到，采取切实措施解决民事诉讼"执行难"问题，绝不仅仅是一个司法问题，也是藉由公正司法践行公民意识教育的重大问题。在这方面，迫切需要司法机关与相关行政机关通力合作，通过多种手段加以解决。二是从根本上根除行政诉讼"告状难"问题。行政诉讼"告状难"问题，本质上反映的是一种客观存在的根深蒂固的"官本位"意识。这样的意识长时间占据主导地位，无疑不利于公民意识的培养，因此亟须在行政诉讼实践中摒弃维护行政机关依法行使行政职权的立法宗旨，采取切实措施扩大行政诉讼受案范围，放宽行政诉讼原告资格，取消与维护行政机关依法行使行政职权宗旨相呼应的维持判决等。① 特别是随着形势的发展和法治的进步，要依法积极受理行政给付、行政监管、行政允诺、行政不作为等新类型案件，依法积极受理教育、劳动、医疗、社会保障等事关民生的案件，依法积极受理政府信息公开等涉及公民其他社会权利的案件，积极探讨研究公益诉讼案件的受理条件和裁判方式。正如最高人民法院的 2009 年发布的《关于依法保护行政诉讼当事人诉权的意见》所指出的那样，对新类型案件拿不准的，应当在法定期间先予立案，必要时请示上级人民法院，不得随意作出不予受理决定。客观地讲，对于行政案件而言，能够顺利地进入司法程序，本身就是公正司法的一种表现，如果进一步在裁判结果方面依法行事，对公民意识的教育作用无疑是十分巨大的。三是切实保障刑事诉讼当事人的人权。从一定意义上讲，犯罪嫌疑人、刑事诉讼当事人、罪犯等，是社会中的最弱势群体，他们的人权得到切

---

① 马怀德：《〈行政诉讼法〉存在的问题及修改建议》，载《法学论坛》2010 年第 5 期。

实的保护，既是社会进步的表现，也是全社会公民意识走向成熟的标志。当前，通过大力贯彻实施新修订的《国家赔偿法》和《刑事诉讼法》，在实践中积累经验，形成更具操作性的司法解释，最大限度地保障当事人的人权，应当成为刑事诉讼乃至刑罚执行中落实公民意识教育的重要任务。四是适时探索违宪审查或宪法诉讼。违宪审查又称宪法监督、宪法诉讼，是指特定的机关依据一定的程序和方式，对法律、法规和行政命令等规范性文件和特定主体行为是否符合宪法进行审查并做出处理的制度。其作用在于保障宪法的实施、维护宪法权威、保障公民权利与自由。目前，世界上大多数国家都先后建立了违宪审查制度。在我国，早在1999年制定《行政复议法》时，就将国务院部门的规定，县级以上地方各级人民政府及其工作部门的规定，乡、镇人民政府的规定纳入行政复议范围。2004年，全国人大常委会成立了法规备案审查室，专门审查包括国务院所立行政法规在内的、全国各位阶法规是否违宪违法。2005年，十届全国人大常委会第十四次委员长会议完成了对《行政法规、地方性法规、自治条例和单行条例、经济特区法规备案审查工作程序》的修订，进一步建立健全了法规备案审查制度。然而，十余年的实践证明，将除行政法规、规章之外的数以万计的其他规范性文件纳入行政复议范围的这种仅靠行政机关自我纠错的机制，将各类法规纳入全国人大备案审查的这种一般性纠错机制，远远不能满足公民依法监督行政权力和立法权力的合理期待，在实践中饱受诟病但历时数年且几经博弈的《城市房屋拆迁管理条例》的存废争议就是一个明显的例证。因此，借鉴世界范围违宪审查制度的成功经验，有必要探索建立中国特色的违宪审查或宪法诉讼制度。这样的探索，不但有利于完善我国的权力监督机制，而且有利于开展公民意识教育。

二、司法公开与公民意识教育

基于公民意识教育的司法公开，不同于一般意义上讲的司法公开。首先，检察官、法官以及人民监督员、人民陪审员的公开选拔，让更多的人有机会参与到司法实践中去，让大多数人相信经由公开选拔产生的检察官、法官、人民监督员、人民陪审员是业务精良、代表人民行使检察权、审判权等司法权力的适格主体。同时，可以探索构建有中国特色的听审制度，让更多的公民参与到司法实践中。例如，大学生药家鑫交通肇事后故意杀人一案，西安市中级人民法院在一审庭审过程中，特意组织 400 名大学生到场旁听，并向其发放"旁听人员旁听案件意见反馈表"，希望通过这种形式听取各种意见。这样的司法实践，无论如何是应当予以鼓励的，如果能借鉴西方国家陪审团制度的经验，从制度上构建我国的听审制度，相信必然会对公民意识教育发挥巨大的推进作用。其次，要充分发挥司法解释的释明作用。由于我国法治建设历史较短，许多法律规定还比较笼统，这就需要司法机关在司法实践中对法律规定予以进一步解释。以往对司法解释的理解，主要是从法律适用的角度加以诠释，因而其接受主体更多地局限于检察机关、审判机关等司法机关内部，或者说是检察官、法官这样一些特定对象。殊不知，就司法解释的释明作用而言，普通公民更应该成为司法释明的对象。以《最高人民法院关于适用〈中华人民共和国婚姻法〉若干问题解释（三）》为例，其实《婚姻法》以及《房地产管理法》对夫妻关系存续期间一方受赠的房产以及一方婚前贷款购买的房产归产权登记方所有早有规定，但由于《婚姻法》规定的比较笼统，所以当《最高人民法院关于适用〈中华人民共和国婚姻法〉若干问题解释（三）》明确解释此类财产应认定为一方所有的财产时，无论是在征求意见阶段，还是在司法解释发布之后，都在全社会引发了很大反响，也让普通公民在法治的背景下对几千年来形成的夫妻平等关系有了更深的思考和认识，这样的司法解释无疑极大地促进了公民尤其是女性公民在追求男女实质平等之路上公民意识的进一步觉醒。最后，应充分彰显司法过程的公民意识教育作用。要从公安机关的侦查到检察机关的公诉，从审判机关的受理到审判过程

的公开，从判决理由的公开到判决结果的公开，从向当事人的公开
到向全社会的公开，实现司法过程的"全公开"。亦即司法公开是
一种全方位的司法公开。这种全方位，主要体现在：从主体上讲不
仅仅指的是各级各类审判机关，还包括各级各类检察机关，也包括
行使侦查职权的公安机关和监狱管理职权的司法行政机关；从内容
看，公开的不仅仅是案件结果，还包括案件处理的全过程（依法
应当保密的除外）；在范围方面，既要向案件当事人公开，也要向
全社会公开。只有这样的全方位司法公开，才能既保障司法公正，
又发挥其应有的公民意识教育作用。实现这样的"全公开"，就不
应仅仅满足于保障公民的旁听权利，而应当保障媒体参与司法公开
的权利。在切实满足公民自由进出法庭旁听审判的同时，还应当经
常性地将法庭庭审搬到田间地头，像马锡五审判①一样，让更多的
公民身临其境地接受真实的庭审教育，同时切实做好庭审录像和庭
审直播工作，让更广意义上的公民随时随地随心所欲地接受这样的
司法教育。在高度重视结果公正的同时，也切实保障过程公开，实
现侦查过程公开、公诉事由公开、判决理由公开、判决依据公开以
及判决结果公开等。特别是公示判决书。除当事人要求不公示的判
决外，将各级法院公开判决的判决书通过网络、公示牌等形式进行
公开，方便公民查阅，是司法进行公民意识教育的一种极好形式和
制度。美国加州司法委员会就曾有一个宣传画，鼓励公众到会议现
场旁听委员会讨论、决定加州法院的司法行政事务，同时也把委员
会开会的时况放在网上，实行网上直播，公众随时可以下载观
看。② 我国的一些地方法院已经有很好的尝试，例如，河南省各级

---

① 马锡五审判方式是抗日民主政权时期在边区实行的贯彻群众路线深
入进行调查研究的办案方法，是巡回审判方式的典型代表。

② 蒋惠岭：《司法公开十问》，载《法制资讯》2009 年第 7 期。

人民法院已经在司法公开方面开了个好头，① 不但司法裁判文书全部上网，而且全面推行庭审网络直播，采取措施坚决落实公民旁听权利。总之，应该看到，司法公开的意义不仅在于监督和促进司法公正，同时还可切实实现公民意识教育功能。

---

① 据报道，截至 2009 年 10 月底，河南全省三级法院已全部实现裁判文书上网（除了调解案件、未成年人犯罪案件和涉及国家秘密、商业秘密、个人隐私案件等依法不宜公开外，共有 81680 份裁判文书在网上向社会公开），在全国属于首家。到 2011 年，河南省高院和 19 个中级法院、163 个基层法院都要逐步实现庭审网络直播，并明确公民旁听庭审的"四不"原则，即一不用预约；二不对证件作出限制，出示身份证、驾驶证、军人证、学生证都可以旁听；三不受时间限制，即使是在开庭当中或庭审快结束时都可以随时旁听，随时离开；四不受法庭大小的影响，法庭小，旁听群众多，审判长要立刻换大的法庭，保证能容纳所有的旁听群众。参见《河南法院庭审将彻底公开 尝试庭审视频直播》，载中国网，http：//www.china.com.cn/news/law/2010-01/30/content_ 19334994.htm，2010-1-30。

第六章　公民意识教育在
全民守法中的实践

　　作为法实施的一种基本形式，守法是指国家机关、社会组织和公民个人依照法的规定，行使权利（权力）和履行义务（职责）的活动。守法本质上是履行法律义务和行使法律权利的有机统一。实践中，不少人认为守法内容主要是甚至仅仅是履行法律义务，其实守法还包含依法享有权利并行使权利，即用法。① 履行法律义务是守法主体按照法的要求做出或不做出一定的行为，以保障权利人的合法权益，具体有履行消极的法律义务（遵守法律规范中的禁止性规范，如遵守交通规则）和履行积极的法律义务（遵守法律规范中的命令性规范，如依法纳税和服兵役）之分；行使法律权利是守法主体通过自己做出一定的行为或者要求他人做出或不做出一定的行为来保证自己的合法权利得以实现，行使法律权利是守法主体遵守法律规范中的授权性规范，具体地说，守法主体所行使的权利必须是法所授予的权利，即合法的权利，行使权利时必须采用正当合法的方式和手段，不得滥用权利，不得在行使自己的权利时损害他人的合法权利。也正是这种履行法律义务和行使法律权利有机统一的守法实践，让我们有理由讨论守法的公民意识教育价值。因为，如果守法仅仅是履行法律义务，那么很容易受守法主体只看

------

　　① 张文显：《法理学》（第 2 版），高等教育出版社 2003 年版，第 250页。

到法限制和束缚人的一面，进而损害守法主体守法的积极性与自觉性，使其不守法抑或只是被动地守法；反之，如果守法的内容还包括行使权利，守法主体真切意识到守法还直接关系到自己合法权利的实现，当然就会变被动为主动，积极和自觉地去守法。在实际生活中，由于种种原因，守法主体的守法状态不可避免地有高低之分。守法的最低状态是不违法犯罪，在这种状态中，就守法主体的心理而言，其对法的态度是否定的和模糊的，往往把法看作是异己之物，以消极的心理去守法。自己虽为守法主体，但却不是法的主人，法并没有真正实现自我内化。其之所以守法在很大程度上是慑于法的强制性，即出于避罪远罚。就守法的内容而言，守法主体仅仅是或者主要是履行法律义务，没有行使或者充分行使法律权利。处于守法最低状态的守法主体，实际上仍未摆脱根深蒂固的臣民意识的影响，更毋论现代公民意识的确立。守法的中间状态是守法主体依法办事，形成统一的法律秩序。在这种状态中，就守法心理而言，守法主体对法的态度是肯定的，但并未完全实现法的自我内化，守法主体还不是严格意义上的法的主人。就守法的内容而言，守法主体在履行法律义务的同时也开始行使法律权利。处于守法中间状态的守法主体，逐步摆脱臣民意识的影响，正开始形成现代公民意识。守法的高级状态是守法主体不论是外在的行为还是内在的动机都符合法的精神和要求。在这种状态中，就守法心理而言，守法主体对法的态度是完全肯定的，守法主体是以法的主人的姿态自觉地、积极地、主动地去守法，已完全实现了法的自我内化。就守法内容而言，守法主体严格履行法律义务，充分行使法律权利。处于守法高级状态的守法主体，无疑已具备了现代公民意识。守法实践的公民意识教育，实际上就是通过不同守法主体的守法实践，逐步实现守法状态从最低状态到中间状态再到最高状态的过程。实践中，因守法主体的差异，不同守法主体在守法形式上各有特点，其公民意识教育作用的发挥也各不相同。本书主要择取执政党、国家机关以及公民三类守法主体自觉型守法的公民意识教育加以阐释。

一、执政党带头守法与公民意识教育

中国共产党是我国的执政党，其在国家中的政治地位和法律地位决定了它带头守法比其他社会组织守法具有更重大和更强烈的影响。共产党只有首先带头严格守法，才能起到表率作用，并带动一切国家机关、社会组织和公民严格守法。1981年，党的十一届六中全会决议首次提出："党的各级组织同其他组织一样，都必须在宪法和法律的范围内活动。"1982年，十二大通过的《中国共产党章程》在总纲中明确规定："党必须在宪法和法律范围内活动。"同时将"自觉遵守党的纪律和国家的法律"明确规定为党员义务。同年通过的《中华人民共和国宪法》规定："一切国家机关和武装力量、各政党和社会团体、各企业事业单位都必须遵守宪法和法律。"2004年9月19日，党的十六届四中全会通过的《中共中央关于加强党的执政能力建设的决定》中首次提出"依法执政"的概念，即"必须坚持科学执政、民主执政、依法执政，不断完善党的领导方式和执政方式"。至此，执政党守法不再仅仅局限于消极意义上的遵守宪法和法律，还包括积极意义上的依法执政。

执政党遵守宪法和法律，要求中国共产党自觉维护宪法和法律的尊严。正如董必武在《关于党在政治法律方面的思想工作》一文中所指出的："宪法是国家的根本法，根据宪法还将要产生若干法律，这是宪法上规定的。对于宪法和法律，我们必须带头遵守，并领导人民群众来遵守。假如我们自己不遵守宪法和法律，怎么能领导人民群众来守法呢？"① 要保证共产党在宪法和法律范围内活动，就必须做到，一切党的组织、党的领导干部和党员，都要在严格遵守党规党纪的同时，模范地遵守国家的宪法和法律，要在党内真正树立起"法律面前人人平等"的观念。对于违反党纪国法的党员领导干部乃至普通党员，既要根据党规党纪的规定予以严肃处

---

① 《董必武选集》，人民出版社1985年版，第344页。

理，更要根据国家的宪法和法律追究相应的法律责任，"王子犯法与庶民同罪"讲的就是这个道理。应该说，只有在全党坚定地树立起"遵守宪法和法律"的观念，才可能在全社会逐步树立公民意识所要求的民主法治、自由平等、公平正义理念。

执政党依法执政，要求中国共产党依法实现党的领导。1982年宪法序言已经指出，中国共产党的领导地位在长期的革命和建设过程中得以形成。但如何长期存在和发展，依法执政是必然选择。从当今世界看，依法执政早已成为当今政党执政的普遍规律和基本的执政方式。在新的历史条件下依法执政，实现党的执政方式的变革，必须以邓小平理论和"三个代表"重要思想为指导，牢固树立依法执政理念，完善依法执政制度设计和制度安排，在依法执政的长期实践中不断增强党的执政能力。① 尤其要在依法把党的主张转化为国家法律从而确保党的主张和人民意志的统一方面下功夫。笔者认为，中国共产党对依法执政的探索，不仅仅是巩固领导地位的伟大实践，更是身体力行地开展公民意识教育的最好行动。

二、国家机关及其公务员模范守法与公民意识教育

国家机关代表人民行使国家权力，执行国家职能，对社会的政治、经济、文化、军事、外交等活动进行全面管理。国家机关的性质及其在国家生活中所占的重要地位，决定了国家机关在公民意识教育方面具有尤为重要的责任。"公平正义观念、民主法治观念、自由权利观念及敬业精神如何，是衡量一个司法执法人员的一个重要标准，也是法治得以确立及运行的重要环节。"因此，只有国家机关及其工作人员尤其是领导人带头严格守法，自觉维护法的尊严和权威，才可能在全社会逐步确立以民主法治、自由平等、公平正义理念为核心的公民意识。需要特别指出的是，一谈到守法，我们

---

① 匡国珍：《依法执政是完善党的执政方式的必然选择》，载《湖北教育学院学报》2006 年第 1 期。

习惯性地想到公民及其他社会组织等社会主体，实际上，在法治社会中，守法精神首先是公权力主体、司法执法主体所应具有的基本素质，其次才是对社会主体的素质要求。单纯强调社会主体的守法，而忽视国家机关等公权力主体的守法，不仅有悖法治精神与原则，可能还会出现御用主义、工具主义精神，进而形成"人治"下的"法治"，其后果与专制相比甚至可能有过之而无不及。要做到国家机关及其工作人员尤其是领导人带头严格守法，具体措施可能不计其数，但核心措施是教育和引导其全面准确地理解"依法治国，社会主义法治国家"的丰富内涵及其意义并践行之。

1999 年，全国人大根据根据党中央的修宪建议将"中华人民共和国实行依法治国，建设社会主义法治国家"写入宪法。"依法治国"是治国方略，"社会主义法治国家"是价值目标，"实行依法治国"与"建设社会主义法治国家"一起构成了治国方略与价值目标的统一，是一个完整的不可分裂的命题与系统社会工程。与"建设社会主义法治国家"相联系的理解"依法治国"，应当看到依法治国重在治权，其中的"国"本质上不应是一个空间或地域概念，主要应是指"国家权力"、"国家机器"，跟价值目标中的"法治国家"形成对应与一致性；"依法治国"的主体是广大人民群众而不是国家机关本身。因此，讲"依法治国"，首先应当把中央和地方各级国家机关、各级政府及其官员自身的守法摆进法治客体的首要位置，而不是超然地游离于法治客体之外。"正己然后正人"，先依法管好权、治好官，逐步摒弃根深蒂固的"权大于法"观念，形成"民治"而不是"治民"理念。易言之，就是首先确立国家机关及其工作人员尤其是领导干部的公民意识，然后再通过自身的守法即执法实践教育全社会形成公民意识。例如，"三公"经费主动全面公开在全社会产生的良好影响，就是国家机关及其公务员模范守法的公民意识教育作用发挥的生动体现。

三、公民自觉守法与公民意识教育

公民是我国社会主义守法主体中最普遍、最广泛的守法主体。公民自觉守法，既是社会主义民主的本质要求，也是现代法治的普遍要求，当然也是我国建立法治国家的基本要求。社会主义法律，从本质上讲是人民利益和意志的体现和反映，是人民自己的法，因此，守法对于公民来讲，实际上就是按照自己的意志和要求办事，这也决定了公民应当也能够以主人翁的态度和责任感自觉地守法。而以主人翁的态度和责任感自觉守法，除了我们习惯上认知的公民自觉履行法律义务外，依法积极行使公民权利即自觉用法同样不容忽略。"公民遵守法律，既包括对义务性规范的遵守即令行禁止，又包括对授权性规范的遵守即依法行使权利，在法律准许和授权的范围内享受和维护自己的合法权益。可见，公民不折不扣地遵守法律本身即已包括了公民用法。"① 我们只有这样理解公民守法，才能从思想上把社会主义公民同安分守己、逆来顺受的封建臣民区别开来，把社会主义公民意识同"各人自扫门前雪，莫管他人瓦上霜"的陈腐观念区别开来。现实中，公民的守法理由具有多样性，既可能出于习惯，也可能基于道德，还可能考虑利益，甚至想到暴力，抑或是多种因素共同作用的结果。但是，在多样化的守法理由背后，往往存在某种恒常的、更为根本的力量，这种力量在近代的、民主的社会里，就是公民的守法精神。公民的守法精神是公民人格因素的一个部分，但这并不意味着它是天生就有的。相反地，它是通过灌输（社会学家所说的社会化）而生成的。② 就公民意识培养而言，消极意义上的公民守法固然能够发挥一定的公民意识教

---

① 刘焯：《论社会主义的公民守法》，载《中南政法学院学报》1990年第4期。

② 丁以升、李清春：《公民为什么遵守法律？（下）》，载《法学评论》2004年第1期。

育作用，如公民因模范遵纪守法而获得表彰发挥的公民意识教育，但积极意义上的公民守法的公民意识教育作用更为明显。

积极守法作为公民意识的重要内容，具体应包括三层内涵，即护法精神、权利主张精神和义务的自觉改造精神。① 在实践中主要表现为两种形式，一是公民依法维权；二是公民自治。公民依法维权，既是公民意识的现实体现，更是公民意识教育的重要途径。改革开放 30 多年的法治实践，正是公民在依法维权实践中提升公民意识的伟大实践。从电影《秋菊打官司》盲目地"讨说法"到山东三位高考考生状告教育部侵犯受教育权，从没有"民告官"到"民告官"成为常态，处处显示出我国公民意识正在发生着巨大变化。特别是自 1989 年《行政诉讼法》颁布以来，"民告官"从无到有，从较窄的受案范围到受案范围的逐步扩大，"民告官"机制在原告范围、诉讼程序、赔偿标准等方面都发生了翻天覆地的变化，伴随着越来越多的"对簿公堂"式的公民维权实践，公民意识得到了很大提高。值得注意的是，在公民追求法律正义的过程中，基于目的的正当性与合法性，有些维权实践从手段上讲往往游离于法律之外，如饱受诟病的信访。然而，我们又不得不承认，略显无奈的信访背后，其实也蕴藏一定的公民意识教育价值。从某种意义上讲，正是由于这些"刁民"的"顽固不化"，才使得人们从他们心酸的维权经历中看到制度和体制的不足，从而萌生和坚定了与过时的、落后的制度、体制作斗争的认识和决心。许许多多的上访案件，在一定程度上折射出我国 30 多年来公民经由法律正义到社会正义再到政治正义的美好追求，对于公平正义的追求正日益成为时代思潮和社会焦点。"'政治正义'作为一种根本性价值判准和制度安排，一种有望救济法律正义与社会正义的不足及其冲突的

---

① 马长山：《从主人意识走向公民意识——兼论法治条件下的角色意识转型》，载《法律科学》1997 年第 5 期。

正义形式，进入了亿万国民的视野，而恰成一种'法治愿景'。"①
这样的"法治愿景"，实际上就是更高层次的公民意识追求，在现时的政治体制改革尚未全面启动的背景下，实际上就是大量的公民维权行动累积的产物。而公民自治，在法治社会，则是公民积极守法的另一种主要形式。一般而言，"自治"是与"他治"相对应的，但在法治状态下又是建立在法治基础上的一种政治理念与制度。② 当代我国，深入推进公民自治，既是依法治国所必需，也是加强公民意识教育的必由之路。十七大报告已经指出，"要健全基层党组织领导的充满活力的基层群众自治机制，扩大基层群众自治范围"，因而，实现公民自治，应当从扩大和真正落实基层群众自治做起。笔者认为，民主选举，应当成为基层群众自治机制的核心，健全以选举制为核心的充满活力的村民自治、居民自治、单位自治、社团自治等基层群众自治机制，应该成为"扩大公民有序政治参与"的重点工作。我国目前的公民自治，多集中于与公民生活息息相关的领域，如工作单位、生活社区、居住城市等。因此，建构充满活力的村民自治、居民自治、单位自治、社团自治等基层群众自治机制，是当前我国深入开展公民意识教育的必由之路。目前，应当以修改后的《全国人民代表大会和地方各级人民代表大会选举法》的贯彻落实为契机，着力健全以选举制为核心的充满活力的村民自治、居民自治、单位自治、社团自治等社会自治机制。在村民自治与居民自治领域，要全面总结《村民委员会组织法》、《城市居民委员会组织法》实施20余年的经验与不足，在修订"两法"的基础上全面落实村民自治与居民自治，让每一

---

① 许章润：《论国民的法治愿景——关于晚近三十年中国民众法律心理的一个描述性观察》，载《清华大学学报（哲学社会科学版）》2011年第3期。

② 需要说明的是，法治社会，"自治"不但不排斥"法治"，相反，"自治"往往是建立在"法治"的基础之上，其过程包含着"法治"的精神。

个公民在感受实实在在的实惠的同时进而实现公民意识的自我教育。以选举为例，在农村，从 1988 年《村民委员会组织法》（试行）算起，村委会选举已推行 20 余年，目前亟须根据农村出现的新情况总结经验，结合选聘高校毕业生到村任职工作[①]，对 1998年施行的《村民委员会组织法》予以认真落实；在城市，《城市居民委员会组织法》也实施了 20 多年，但居民委员会的作用至今没有充分显现，迫切需要我们采取切实措施，让城市居民在居民自治中切实得到实惠，从而反过来增强实行居民自治的意愿，同时也结合当前撤并街道办事处和居住证的改革实践，逐步扩大城市居民自治的地域范围和人口范围，逐步推行大居民自治，即原来街道办范围内的包括取得居住居民资格的所有居民的自治，为逐步推行城市自治积累经验。除村民自治和居民自治外，还要从单位自治着手，选择一些人口集中、成员文化程度较高的大型国有企业、大学以及自治历史较长的社会自治组织为试点单位，在基层党组织领导下，率先推行公民自治。教育部不久前宣布即将在教育部直属的部分高校开展校长直选试点，实行校长竞选上岗，相信此举必然会在公民意识教育方面带来意想不到的良好效果。很显然，如果大学能够循序渐进地落实《高等教育法》所确立的"学术自治"与"民主管理"，其他诸如国有大型企业，甚至一所城市，都可能在公民自治方面有更大的作为。笔者认为，唯有如此，停留在纸上或者脑海中理论化的公民观念才可能藉由公民自治而形成真正的现代公民意识。

---

① 参见 2008 年 4 月 10 日，中共中央组织部、教育部、财政部、人力资源和社会保障部四部门联合下发的《关于选聘高校毕业生到村任职工作的意见（试行）》（组通字〔2008〕18 号）。

第七章 公民意识教育在
法治宣传中的实践

从"一五"普法到"六五"普法，我国经历了从法律常识教育到法律知识教育、再到法治理念教育的升华。法制宣传教育发展到今天，较之法律知识教育、守法教育而言，法治理念教育尤其是公民意识教育明显更为重要。因为，公民意识作为法治的非正式制度要素，较之法律知识、守法精神乃至法治理念更具有根基性。基于这样的认识，新时期的法治宣传教育，应逐步实现由守法教育向公民意识教育的转变。而切实实现这一转变，需要强化以权力机关为核心的公民意识教育领导体制，重视公共法治事件的公民意识教育作用，逐步建构法治宣传与法制定、法实施联动的公民意识教育机制。

一、实现守法教育向公民意识教育的转变

重视法律传播与法律教育是我国的优良传统。明代朱元璋在审阅《律令直解》时，反复叮嘱司法官僚："律令之设，所以使人不犯法。……直解其义，颁之郡县，使民家喻户晓。""今吾以《律令直解》遍行，人人通晓则犯法自少矣。"（《太祖实录》卷二十八）《大明律》和《大清律例》都在"吏律"中明确规定了"讲读律令"的具体要求。明清时期各地城郭、乡村每晚守夜的更夫，还不停地向辖区民众唱诵榜文圣谕。新中国的法律传播从 1986 年起开始步入正轨，国家每五年对普法进行一次规划，到目前已进入

"六五"普法时期。1985 年 11 月 5 日，中共中央、国务院转发了中宣部、司法部《关于向全体公民基本普及法律常识的五年规划》。1985 年 11 月 22 日，第六届全国人大常务委员会通过了《关于在公民中基本普及法律常识的决议》。一场由中共中央规划、全国人大常委会决定、司法行政机关具体实施的全民普法活动由此展开，以"法律知识"即"十法一条例"为主要内容的"一五"普法正式拉开序幕。1990 年 12 月 13 日，《中央宣传部、司法部关于在公民中开展法制宣传教育的第二个五年规划》正式发布，也就是从"二五"普法开始，"普法"正式改名为"法制宣传教育"，主要以宪法和国家基本法律常识为基本目标和重点内容。1996～2000 年，"三五"普法在要求继续学习宪法、基本法律以及市场经济法律知识的同时，要求通过法制宣传教育着重增强公民的法律意识和法制观念。2001 年启动的"四五"普法，确定了"两个转变、两个提高"的工作目标，即"努力实现由提高全民法律意识向提高全民法律素质的转变，全面提高全体公民特别是各级领导干部的法律素质；实现由注重依靠行政手段管理向注重依靠法律手段管理的转变，不断提高全社会法制化管理水平"。2006 年发布的第五个法制宣传教育规划，明确确立了"法制宣传教育和法治实践"相结合的方针。2011 年 7 月 27 日，《中央宣传部、司法部关于在公民中开展法制宣传教育的第六个五年规划》提出，通过深入扎实的法制宣传教育和法治实践，进一步增强全体公民的宪法意识、公民意识、爱国意识、国家安全统一意识和民主法制意识。

从 1986 年开始在全体有接受教育能力的公民中开展法律普及教育，是由政府组织并实施、为中国所特有的群众性法律文化传播活动。从"一五"普法到目前的"六五"普法，从法律知识的启蒙教育到力求公民法治理念的提高，我国的法治宣传教育确实取得了可观的成效。但如何进一步实现守法教育向公民意识教育的转变，至少需要在"名"和"实"两方面予以必要的正视。一方面是正名的问题，即在官方文件中明确将"法制宣传教育"改为

"法治宣传教育"。全民性的法治宣传教育活动，到底应该使用一个什么样的称谓，不是一个小问题。因"一五"普法时使用"普及法律常识"而得名的"普法教育"名称早已受到了全民的诟病，客观上也与后来的法治宣传活动不相适应，亦即明显跟不上形势发展的需要，于是才有了"二五"普法开启的法制宣传教育。法制宣传教育在当时来看较为符合我国实际，但随着"依法治国"这一治国方略的最终确立，"法制"意义上的法制宣传教育显然无力承担从社会根基上夯实依法治国建设的重任，也与当前事实上广泛开展的法治宣传教育不甚吻合。"五五"普法、"六五"普法虽然在名称上依然沿用法制宣传教育，但在内容上业已提出法治理念教育，如"六五"普法明确要求深入开展社会主义法治理念教育，形成自觉学法守法用法的社会氛围。让各级领导干部和国家机关工作人员带头遵守宪法和法律，善于运用法律解决现实生活中的实际问题，让广大人民群众懂得依法按程序表达利益诉求、解决矛盾纠纷，用法律武器维护自身的合法权益。从理论上看，"法治"的概念显然要比"法制"更为丰富和深刻，这一点前文已有较为充分的论述。如果能够改为"法治宣传教育"必然更加有利于引导和培育人们的法治精神和法治理念，在全社会形成良好的法治氛围。此外，采用"法治宣传教育"的表述，能够更好地与"依法治国"方略协调和吻合，有利于它们之间相得益彰、彼此强化。从实际生活层面看，许多媒体的频道、栏目、研究机构的名称等，早已走在了现有"法制宣传教育"前面，而更多采用的是"法治"，而且将"法制宣传教育"改为"法治宣传教育"，人们接受起来也并不困难。甚至应当看到，虽然由"法制宣传教育"改为"法治宣传教育"只是一字之差的改动，但相信这一字之差改动的意义，会像20世纪90年代中期"法治"和"法制"概念的大讨论后，国家把原来正式文件中的"建设社会主义法制国家"改为"建设社会主义法治国家"一样；也会像制定国家"十一五"发展规划时把原来的"计划"改为"规划"一样，其所传达出的信息反映着我们理念、观念、重大决策取向上的变化，而这种变化所标示出的是人民、国家和社会本身的历史性进步，因此其社会意义要远远超过一个文字本身改动上的意义。① 总之，从官方文件的名称上变"法制宣传教育"为"法治宣传教育"，客观上成为当代中国普法实践首先要面对的问题。② 另一方面是转向，融"公民意识教育"于"法治宣传教育"。法制教育是以普及法律知识，增强人们的法律意识，培养人们以维护和遵守法律的行为习惯为目的的宣传教育活动。法制教育的基础工作是普及法律知识，也包括遵守法律的习惯养成和评价。《宪法》第 24 条关于国家普及法制教育的规定，成为在全体公民中开展普法教育的宪法依据。"一五"普法到"六五"普法，尽管在目标设定上有所不同，但普及法律知识、开展守法教育始终是法制宣传教育的工作重心。但正如 20 多年普法教育所昭示的一样，普法的根本不应当是公民掌握了多少法律知识，而是公民是否真正确立了与社会主义法治建设要求相适应的公民意识。因此，当前，应当在深入开展社会主义法治理念教育的实践中，彻底"转变法制教育导向，变单纯的守法教育为公民意识的培养，特别是普法教育、宣传媒介等更应当把引导和强化公民对国家制度、法律制度的合理性、合法性认同，作为重中之重，进而塑造公民积极的守法精神"。③ 同时，应当规范各级各类法治宣传教育主体尤其是大众传媒，在日常用语上学会使用"公民"，既不宜以政治色彩极强的"人民"堂而皇之地回避呼唤"公民"，动辄讲人民利益而只字不提公民利益；也不宜以封建色彩较重的"群众"

---

① 孙育玮：《肩负起提高全民法律素质的历史责任——关于"五五法制宣传教育规划"的理论思考》，载《政治与法律》2006 年第 2 期。

② 如果从发展的眼光看，变"法制宣传教育"为"法治宣传教育"也不是最终目的，充分发挥 20 多年法制宣传教育积累的经验和形成的良好平台，旗帜鲜明地提出并使用"公民意识教育"才是最终目的。

③ 马长山：《国家、市民社会与法治》，商务印书馆 2002 年版，第 294 页。

习惯性地指称"公民"，只讲群众自治而不讲公民自治；更不宜以臣民意味极重的"百姓"公然替代"公民"，须知"只许州官放火，不许百姓点灯"的时代早已成为历史；须知，"公民"作为人取得社会主体地位的代名词，就像将已经实现由猿到人转变的"人"称作"猿"一样，极易使立足未稳的"人"混淆乃至迷失其前进的方向。易言之，公民作为人的全面发展这一法的最高价值目标，应该适时体现在法治宣传教育的内容中，而这一内容本质上就是公民意识教育。

二、强化以权力机关为核心的公民意识教育组织领导体制

法治宣传的公民意识教育，要真正取得实效，必须继续坚持和完善党组织领导、权力机关监督、行政机关实施的领导体制。

首先是坚持和完善党委对法治宣传教育的领导。要按照党的十七大精神，把坚持党的领导、人民当家作主和依法治国、依法办事有机地结合起来。像《公民道德建设实施纲要》一样，党中央要根据我国公民意识教育的实际，及时出台"公民意识教育实施纲要"，明确公民意识教育的目标和任务，对法治宣传的公民意识教育作出全面规划。地方各级党组织要依据党的基本路线、基本方针和国家法律，制定本地区法治宣传的工作方针和政策，确立公民意识教育的基本任务和发展进程，把握公民意识教育的目标和方向，保证党组织在公民意识教育中切实发挥总揽全局、协调各方的领导核心作用。各级党组织在领导的方式上要做到依法决策。各级地方党委对本地区公民意识教育的重大事项，应当事先进行深入调查研究，经过党内民主讨论，依照法定程序作出决策。要切实树立依法执政、依法办事的观念。党委关于公民意识教育重大事项的决策应经过法定程序形成公共规范性文件，通过人大和"一府两院"贯彻落实。此外在领导的组织形式方面，在加强党委统一领导的同时，突出宣传部和政法委对法治宣传的公民意识教育的组织领导职责。各级宣传部门和政法委要对法治宣传的公民意识教育，根据职

能分工切实负责，让像《公民意识教育实施纲要》这样的规划，其实施真正落到实处。

其次是强化权力机关对法治宣传教育的监督。从"一五"普法到"六五"普法，全国人大都曾经发布过关于加强法制宣传教育的决定或决议，对法治宣传教育的有关事项作出具体要求。然而，人大在法治宣传教育方面的工作，显然不应当仅仅局限于发个文件了事，而必须切实负起监督责任。2011年《全国人民代表大会常务委员会关于进一步加强法制宣传教育的决议》明确要求，各级人大应加强对该决议贯彻实施情况的监督检查。要进一步完善法制宣传教育考核评估机制，加强年度考核、阶段性检查。各级人民政府要切实组织实施好法制宣传教育第六个五年规划，做好中期督导检查和终期评估验收，并向本级人民代表大会常务委员会报告。各级人民代表大会及其常务委员会要充分运用执法检查、听取和审议工作报告以及代表视察、专题调研等形式，加强对法制宣传教育工作的监督检查，保证本决议得到贯彻落实。落实上述监督检查职责，就全国人大而言，除了根据党和国家的相关普法规划形成相关的法治宣传决议外，还应该充分利用每年的两会，对政府的法治宣传教育工作及其成效、最高人民法院和最高人民检察院结合审判与检察实践所做的法治宣传工作以及取得的实效进行审议。必要时，全国人大常委会可行使专项监督权，要求政府部门以及最高人民法院和最高人民检察院向人大常委会报告本部门开展法治宣传教育的实施情况。同时，全国人大及其常委会也应该对省级人大及其常委会在法治宣传教育方面的职责作出明确规定，以便于法治宣传教育工作在全国形成一盘棋。就地方人大而言，应在全国人大发布的法治宣传教育决议的基础上，结合本地实际及时发布因地制宜的法治宣传教育决定，并监督和督促同级政府、人民法院、人民检察院以及下级人大尤其是无立法权的人大及其常委会予以落实，同时根据《地方各级人民代表大会及地方各级人民政府组织法》和《各级人大常委会监督法》的规定积极予以监督。总之，强化人大对法治宣传教育的监督，既要充分发挥全国人大及其常委会对法治宣传教育的监督职责，也要充分发挥地方各级人大及其常委会对法治宣传教育的监督职责，尤其是无立法权的地方人大及其常委会的监督职责；既要切实重视对作为主要实施主体的行政机关的法治宣传教育工作进行监督，也要对检察机关、审判机关等其他主体的法治宣传教育工作进行监督。当然，需要补充说明的是，强化权力机关对法治宣传教育的监督，并不排斥权力机关在立法方面的公民意识教育职责。

最后是切实落实以政府为主的教育主体对法治宣传教育的实施。在我国，司法行政机关是法治宣传教育的专职实施主体，但从某种意义上讲又是最不具说服力的法治宣传教育主体。2011 年 4月 22 日，全国人大常委会通过的《关于进一步加强法制宣传教育的决议》明确指出，依法行政、公正司法是法制宣传教育最有效的实践，相对于成年人来说再合适不过。因此，我们在强调司法行政机关的法治宣传教育职责的同时，应当重视行政执法机关、检察机关、审判机关等主体的法治宣传教育职能。考虑到公民自治在公民意识教育方面的独特作用，还应当格外关注社会组织在推动公民自治过程中的法治宣传教育功能。

三、重视公共法治事件的公民意识教育作用

美国学者约翰·金登创立的多源流理论认为，许多社会问题之所以成为公共问题并最后登上政策议程，偶然性事件发挥了关键的作用；这些偶然事件即"机会之窗"，是"政策建议的倡导者提出其最得意的解决办法的机会，或者是他们促使其特殊问题受到关注的机会"。① 我国近年来的行政法治建设，一些重大的法治事件就

---

① ［美］约翰·W. 金登：《议程、备选方案与公共政策》，丁煌、方兴译，中国人民大学出版社 2004 年版，第 209 页。

成为这样的"机会之窗",如孙志刚事件①直接导致《城市生活无着的流浪乞讨人员救助管理办法》(2003年)代替《城市流浪乞讨人员收容遣送办法》(1982年),在不到半年的时间内使我国完成了由强制收容到无偿救助制度的转变;唐福珍自焚事件②明显加快了现行《城市房屋拆迁管理条例》的废止步伐与新条例的制订,《国有土地上房屋征收与补偿条例》得以于2011年1月19日通过;2008年的三鹿奶粉事件③,直接导致了食品质量免检的迅速终结和《产品免于质量监督检查管理办法》的火速废止;发生在大上海的

---

① 2003年3月,27岁的大学毕业生孙志刚因缺暂住证命丧广州收容站。5月,3位法学博士上书全国人大常委会,要求对1982年开始实施的《城市流浪乞讨人员收容遣送办法》进行违宪审查。6月18日,《收容遣送办法》被废止。6月22日,温家宝总理签署国务院令,公布《城市生活无着的流浪乞讨人员救助管理办法》,自2003年8月1日起施行。《办法》的出台,意味着收容遣送制度正式告别中国历史舞台。参见《一大学毕业生因无暂住证被收容并遭毒打致死》,载《南方都市报》2003年4月25日。

② 2009年11月13日,为了抗拒成都市金牛区城管执法局强制拆迁自家三层楼房,该区天回乡金华村村民唐福珍在楼顶天台自焚死亡。参见《唐福珍事件震动国务院 中央拟专设部门负责拆迁》,载深圳新闻网,http://news.sznews.com/content/2009-12/22/content_4272350_5.htm/,2010-3-22。

③ 石家庄三鹿集团股份有限公司(以下简称三鹿公司)原系我国知名的奶制品生产企业,2008年被河北省出入境检验检疫局检验检疫技术中心检出其送检的奶粉样品中含有三聚氰胺。截至2008年11月27日8时,全国因该事件累计筛查婴幼儿2238.4万人次,累计报告泌尿系统出现异常的患儿29.4万人,累计住院患儿51900人,11例回顾性调查死亡病例中6例不能排除与食用该问题奶粉有关,国家投入巨额资金用于患病婴幼儿的检查和医疗救治。2009年3月4日,宣告破产的三鹿公司被以61650万元拍卖。参见《卫生部通报三鹿牌婴幼儿奶粉事件医疗救治工作情况》,载中华人民共和国国家卫生和计划生育委员会网,http://www.moh.gov.cn/publicfiles/business/htmlfiles/mohbgt/s3582/200812/38386.htm/,2010-3-22。

"钓鱼执法"事件①引发了全社会对行政执法程序的反思，尽快制定统一的行政程序法的呼声日盛，等等。下面以乔占祥状告铁道部春运涨价一案为例说明公共法治事件在公民意识教育方面的独特作用。

2000 年 12 月 21 日，铁道部发布了《关于 2001 年春运期间部分旅客列车实行票价上浮的通知》。2001 年 1 月，河北律师乔占祥到外地办案，在火车上听到乘客们对春运火车票涨价一事议论纷纷，当时脑海中就突然一闪念："铁老大"说涨价就涨价，于法有何依据？于是，一出差回来，就开始收集资料仔细研究，发现铁道部发布该通知未经国务院批准，未组织价格听证会，明显侵害所有乘客的合法权益。为确实形成自己权益受损的事实，乔占祥专门购买了 2001 年 1 月 17 日 2069 次从石家庄到磁县的车票，该张车票比涨价前多支出了 5 元票价；2001 年 1 月 22 日 2069 次从石家庄到邯郸的车票，该张车票比涨价前多支出了 4 元票价。随后依据《行政复议法》的相关规定向铁道部提起行政复议，要求撤销《关于 2001 年春运期间部分旅客列车实行票价上浮的通知》，同时提出了对原国家计委计价格〔2000〕1960 号批复的效力予以审查或转送有关部门审查的请求。乔占祥的这一行政复议行为被燕赵都市报的记者无意中获知并予以报道，随后从复议到诉讼引来众多媒体的关注与报道。2001 年 3 月 19 日铁道部作出了维持票价上浮通知的行政复议决定书，同时驳回了要求审查或转送原国家计委计价格〔2000〕1960 号批复的请求。乔占祥不服该复议决定，向北京市第

---

① 2009 年 10 月 14 日，上海市浦东新区原南汇交通执法大队将执法的时间、地点告诉陈某。陈某以"乘客"身份扬招孙中界驾驶的白色金杯车，该车搭载陈某后被执法人员以涉嫌非法营运暂扣并罚款，司机孙中界遂伤指以示清白。此事件引发舆论对"钓鱼执法"的声讨。参见《上海浦东通报"孙中界事件"调查处理情况并公开道歉》，载新华网，http://news.xinhuanet.com/legal/2009-10/26/content_ 12330001.htm/，2010-3-22。

一中级人民法院提起行政诉讼，要求判决铁道部撤销该行政复议决定、撤销票价上浮通知并履行转送审查职责。2001 年 7 月 3 日，北京市第一中级人民法院开庭审理此案，确认铁道部 2000 年 12 月 21 日作出的《关于 2001 年春运期间部分旅客列车实行票价上浮的通知》是具体行政行为，乔占祥作为购票旅客有权提起行政诉讼。同时又以该通知的作出未违反有关法律规定为由判决驳回乔占祥的诉讼请求。此后，乔占祥上诉到北京市高级人民法院。北京市高级人民法院经审理认为，铁道部经过市场调查拟定对部分旅客列车实行政府指导价，包括春运期间实行票价上浮的有关方案，发布票价上浮通知是经过严格的审批程序的。铁道部发布上浮通知的确没有经过听证，但如果以没有经过听证程序就断然认定上浮通知不合法是不可取的。主要是因为《价格法》规定了举行听证会制度，但由于对听证制度的规定比较原则，实际运用中还需要一部具体的操作规程。由于缺乏相应的配套程序予以实施，在此情况下，举行听证会性质的咨询会进行可行性论证、并向有关部门履行批准手续是符合行政程序的。另外，铁路票价上浮已经实施，证据难以收集，且上浮费取之于民、用之于民。2002 年 2 月 27 日，北京市高级人民法院作出终审判决：驳回上诉，维持原判。

律师乔占祥状告铁道部春运涨价一案，本来是一起平常的司法案件。然而，这一看似平常的司法案件，最终却成为 2001 年度乃至中国法治进程中的一起很有影响的公共法治事件，① 从公民意识教育的角度看，带给我们的启示很多。铁道部仅仅依照原国家计委的一纸批复就在中华民族最重要的节日——春节期间擅自上浮火车票价，在很大程度上折射出铁道部和原国家计委相关负责人公民意

---

① 该案虽然最终以原告一方败诉而告终，但其直接导致了 2002 年原国家计委主持的铁路春运价格听证会以及几年后春运火车票最终不再涨价成为现实，明显加快了《政府价格决策听证暂行办法》的出台，并直接推动了我国听证制度的全面建立。

识的明显缺失，不愿甚至根本就没有想过征求广大乘客的意见，更不用说将这一上浮票价的行为交由公民集体决定。乘客针对铁道部上浮火车票价的行为议论纷纷，折射出我国公民已经具有了一定的公民意识，但仅只是议论而已的事实又显示了大部分公民在公民情感方面尚可，但在公民意识层面还明显较低。律师乔占祥能够从偶然听到的议论中想到质疑铁道部行为的合法性，进而为就个人而言事实上并无直接利益关系的行政行为付诸行动，如身体力行地查阅相关资料，尤其是为寻求法律救济专门购买了两张火车票并开启了长达一年多时间的复议—诉讼之路，反映出其已经具有了很高的公民意识。当然，事件发展如果到此为止，充其量也就是一起再普通不过的司法案件，根本不可能成为一起很有影响的公共法治事件。从司法案件到公共法治事件的质变，除了案件本身的特殊性①之外，在很大程度上应归功于燕赵都市报等众多媒体的积极参与。正是这些媒体敏锐地觉察到该案件所蕴含的巨大公民意识教育价值并予以追踪报道，才使得这一司法案件在全国引起广泛关注，从而让更多的人通过乔占祥状告"铁老大"的案件接受了很好的公民意识教育：原来只知道一味服从的人们现在也开始懂得质疑，即从臣民意识开始向公民意识转变；原来已懂得质疑的人们也开始积极维权，如后来又有一些公民认为火车票退票费不合理状告铁道部②，表明这些人的公民意识开始显著增强。此外，在这一案件处理过程中，铁道部、北京市第一中级人民法院、北京市高级人民法院等国家机关在公民意识教育方面也有值得肯定之处，如铁道部作为政府

---

① 这种特殊性主要在于普通公民竟然敢于挑战国家部委的红头文件，这就中国法制史上也不多见。如果从公民意识的角度看，正好也印证了当代中国公民意识还比较低的事实。

② 如 2010 年，北京市民楚京辉状告铁道部，请求法院依法确认铁道部 2010 年 1 月 7 日作出的《关于调整春运期间旅客退票、改签有关办法的通知》在程序上违法。参见《市民春运期间退票不成状告铁道部》，载新浪新闻，http：//news.sina.com.cn/s/2010-04-28/030820165681.shtml，2012-3-10。

部门，能够依法受理对自己发布的红头文件不服的行政复议申请并作出行政复议决定，能够尊重法律，平等地与一个普通公民对簿公堂，无疑是政府部门转变观念、依法行政的具体体现；北京市第一中级人民法院能够确认铁道部 2000 年 12 月 21 日作出的《关于2001 年春运期间部分旅客列车实行票价上浮的通知》是具体行政行为，乔占祥作为购票旅客有权提起行政诉讼，无疑也是公正司法的具体体现；北京市高级人民法院能够回应社会关切，在二审阶段依然能开庭审理①且由副院长担任审判长并当庭宣判，正如审判长王振清所言，该案诉诸法律审理的意义绝非是输赢二字所能涵盖的，应当看到它对中国行政法治进程以及公民法律意识提高的积极推动作用。② 如果从进一步推动公民意识教育的出发点思考，2002年原国家计委主持召开铁路春运价格听证会以及后来春运不再涨价的事实已经证明，原国家计委首先应当承认自己作出的原国家计委计价格〔2000〕1960 号批复缺乏法律依据以及在报批方面的瑕疵；铁道部其实应该在作出维持上浮票价通知决定的同时，大胆承认自己在程序方面的缺失，或者直接作出确认该上浮票价决定违法并撤销该通知的行政复议决定；北京市第一中级人民法院和北京市高级人民法院其实也可以依法作出确认该上浮票价决定违法的判决，而不必以"铁路票价上浮已经实施，证据难以收集，且上浮费取之于民、用之于民"的无奈和冠冕之词作出维持原判的判决。唯有如此，"公权引导、公民参与和媒体传导联动"的公民意识教育法治实践机制才能彰显其最大的公民意识教育功能。

四、构建法治宣传与法制定、法实施联动的公民意识教育机制

法治宣传与法制定、法实施联动的公民意识教育机制，从法治

---

① 依照我国 1989 年《行政诉讼法》第 59 条的规定，也可以书面审理。
② 参见《乔占祥告铁道部败诉　意义远超"输赢"本身》，载腾讯网-今日话题，http://view.news.qq.com/a/20070108/000031.htm，2012-3-10。

宣传的角度看，就是法治宣传主体的法治宣传行为应当与法制定主体的立法行为、法实施主体的法实施行为相结合，最大限度地发挥法治宣传的公民意识教育功能；从法制定的角度看，就是法制定主体在立法的同时应当积极吸收法治宣传主体的法治宣传参与，让立法自启动伊始就开始最大限度地发挥其公民意识教育功能；从法事实的角度看，就是法实施主体在实施法的同时应当积极吸收法治宣传主体的法治宣传参与，让法实施的过程同时成为公民意识教育的过程。这一机制的构建，需要法治宣传主体尤其是法制定主体、法实施主体转变各自的职权行使观念，更需要强有力的制度保障。因为，只有法制定主体、法实施主体切实转变法治观念，并从制度与机制上敞开大门，融自身的法治宣传和媒体的法治宣传于一个个具体的法制定、法实施实践，法制定、法实施的公民意识教育才能最大限度地彰显，法治宣传的公民意识教育也才能更有内容。在这方面，我国的法制定主体不妨可以适当借鉴英美法等国家直播法案公开辩论的经验，法实施主体尤其是执法主体不妨可学习我们的邻国——韩国执法录像的经验，法治宣传主体更应该勇于承担开展公民意识教育的社会责任，等等。我们相信，这样的法治实践只要持之以恒地坚持下去，必将对我国公民意识的提升产生深远影响。下面重点针对媒体的公民意识教育提出一些建设性建议。

早在2006年，中共中央、国务院批转的《中央宣传部、司法部关于在公民中开展法制宣传教育的第五个五年规划》，全国人大常委会通过的《关于加强法制宣传教育的决议》，都明确规定新闻媒体要承担开展公益性法制宣传教育的社会责任。毫无疑问，公益性法制宣传教育，应当包含公民意识教育。这一规定事实上明确了报刊、广播、电视、网络等媒体作为主要的法治宣传主体应当承担开展公民意识教育的社会责任。报刊在公民意识教育中具有普及面广、时效性强、影响力大等优势，它的作用是别的新闻媒体不可替代的。近年来，许多报刊都开辟法治专栏专版，多侧面、多形式地进行法治宣传报道，有效地普及了法律知识，增强了人们的公民意识，推动了依法治国进程。但也应清醒地看到，一些报刊在法治宣传和公民意识教育方面仍存在内容偏、形式刻板等问题和不足。这就需要报刊正确把握时代需要和舆论导向，努力增强法治宣传和公民意识教育引导宣传的可读性，如配合报道可添加新闻背景、新闻链接、新闻解读等，这种组合式的报道方式，会使一项法律的出台、一个案件的发生，以及司法机关一项新的工作机制的建立与读者的日常生活产生相关的联系，同时能引起读者的阅读兴趣，产生良好社会效应。同时，可有计划地吸收法律界人士参与讨论，通过开设普法与公民教育专刊，邀请法律界人士（包括学者、律师、法官、检察官等）多写一些普法与公民教育的文章，向公众宣传现代公民意识。而广播是投入相对较低的新闻媒介，充分利用广播在广大听众尤其是农民、学生、司机等群体中进行潜移默化的公民意识教育，具有非常广阔的发展空间。自 1983 年中央人民广播电台第一家开办《法制园地》节目开始，截至 2006 年年底，经国家广电总局批准开办的全国广播电视法制栏目超过了 200 个，初步形成了覆盖全国的法制节目播出格局。当前，以广播形式开展公民意识教育，特别需要在融公民意识教育于立法、释法、执法、法治监督实践等领域多下功夫。与广播相比，电视以其视觉与听觉的完全结合而受到广大观众的喜爱，电视法治宣传在实施依法治国基本方略，促进公民意识教育实践中，正发挥着重要的作用。1986 年山东电视台开办了《道德与法制》栏目。1999 年长沙电视台创办了政法频道，1999 年 1 月 2 日中央电视台第一套综合频道开播了《今日说法》栏目，2003 年 12 月 29 日，司法部、国家广播电影电视总局联合在京召开自"一五"普法规划实施以来的第一次全国专门研究电视法制宣传工作的会议，会议提出充分运用电视，普及法律知识，弘扬法治精神。2004 年中央电视台随即开办了社会与法频道。各级广电部门和播出机构，在开展法制宣传中，努力向全社会普及公民知识，涌现出了一大批优秀的法制节目、栏目，像"今日说法"、"法律讲堂"、"经济与法"、"法制编辑部"以及

"社会与法"等说法栏目和电视频道，受到越来越多电视观众的青睐，引起社会各界和广大人民群众普遍关注。当前，深入开展电视公民意识教育突出要抓好以下三方面工作：一是明确通过普及法律知识，不断提高全社会的法律意识和公民意识是电视法治宣传的永恒主题；二是以参与法治实践为主轴，不断丰富电视法治宣传的节目内容；三是利用现代信息技术大力改进电视法治宣传的报道方式，进一步增强法治节目在公民意识教育方面的吸引力、感染力、说服力和公信力。与报刊、广播、电视相比，互联网正日益成为公民意识教育的主力军。目前，网络已经成为人们获取信息的最重要途径和手段，也成为公民意识教育的重要平台。媒体网站因为以传统媒体为基础，能够获得来自于传统媒体的全方位的支持，既有信息内容方面的支持，又有资金、人员、设备、管理上的支持，往往还会将传统媒体的品牌直接延伸到互联网上，因此媒体网站在网络受众中的影响力巨大，对公民意识教育的承载力非常大。当代中国，媒体网站尤其是传统媒体或媒体集团主办的媒体网站，如人民网、新华网、中国日报网、经济日报网、中国国际广播电台网等传统媒体上网后的媒体网站，以及千龙网、东方网等多家媒体资源整合后的大型媒体网站，早已成为开展公民意识教育的重要力量。以网络为载体的网络传播具有其他媒体不能替代的独特优势：一是信息传播受众非常广泛，其内容可以很便捷地为不同地域的受众了解和掌握，受众面极其广泛；二是信息传播内容极其丰富，可以脱离时间、空间的限制，最大限度地容纳各类信息；三是信息传播快速便捷，信息内容可以随时快速上传发布；四是信息传播形式多样，图文并茂，音频与视频交错，立体感超强；五是信息传播交汇互动，所有公民都可以参与其中，形成一个既获取信息又不断输出信息的网络世界。反映到公民意识教育方面，大量的公民意识教育信息以及大范围的互动，无疑为公民接触、认知、理解公民身份、公民权利等提供了契机。

结　　语

在建设社会主义法治国家的进程中，法治实践的价值不仅仅局限于定纷止争，在一定意义上早已超越法本身而具有很强的育人价值；这种育人价值，绝不仅仅是社会主义法治理念教育，更深层次上是适应时代发展的公民意识教育，亦即法治实践具有公民意识教育价值。

当代中国，历经30余年的市场化进程与建设法治国家的努力，纯粹的臣民早已退出历史舞台，但臣民意识并未彻底消除，以追求主体地位为主要内涵的公民意识得到一定发展，以追求平等为主要内涵的公民意识开始逐渐形成。进一步加强公民意识教育，在依法治国的背景下需要格外重视法治实践的公民意识教育作用，亦即不断发展的法治实践是依法治国背景下进一步加强公民意识教育的有效途径。

法治实践的公民意识教育作用的充分发挥，需要在不断发展的法治实践过程中有意识地建构"公权引导、公民参与和媒体传导联动"的公民意识教育法治实践模式，并进一步很好地贯穿于我国的法制定、法实施和法治宣传之中。当前，中国特色社会主义法律体系已经形成，进一步完善人权立法、推进民主立法、深化公开立法，应当成为立法实践践行公民意识教育的重要工作；进一步推进执政党带头守法，尤其是依法执政、国家机关及其公务员模范守法，以及公民自觉守法特别是自觉用法，应当成为守法实践践行公民意识教育的重要工作；全面推进依法行政、切实贯彻教育与执法相结合原则，应当成为执法实践践行公民意识教育的重要工作；进一步推进公正司法、全面拓展司法公开，应当成为司法实践践行公民意识教育的重要工作；以国家监督为基础，大力推进社会监督尤其是公民法治监督，应当成为法治监督实践践行公民意识教育的重要工作；全面强化权力机关的公民意识教育领导与监督职能，高度重视公共法治事件在公民意识教育方面的独特作用，逐步构建"法治宣传与法制定、法实施有效联动"的公民意识教育机制，实现法治宣传教育从守法教育到公民意识教育的转变，应当成为法治宣传实践践行公民意识教育的中心工作。

参考文献

一、经典原著

[1]《马克思恩格斯全集》（第1、2、6、13、19卷），人民出版社1956年版。

[2]《马克思恩格斯全集》（第3、46卷），人民出版社1960年版。

[3]《马克思恩格斯全集》（第21卷），人民出版社1965年版。

[4]《马克思恩格斯选集》（第2版）（第1、2、4卷），人民出版社1995年版。

[5]《马克思恩格斯选集》（第1、3卷），人民出版社1972年版。

[6]［古希腊］亚里士多德：《政治学》，吴寿彭译，商务印书馆1965年版。

[7]［英］洛克：《政府论》（下篇），瞿菊农、叶启芳译，商务印书馆1996年版。

[8]［德］黑格尔：《法哲学原理》，范扬、张企泰译，商务印书馆1982年版。

[9]《邓小平文选》（第2卷），人民出版社1978年版。

[10]《董必武选集》，人民出版社1985年版。

二、国外译著

［1］［日］美浓部达吉：《法之本质》（第 2 版），林纪东译，商务印书馆 1992 年版。

［2］［英］梅因：《古代法》，沈景一译，商务印书馆 1959 年版。

［3］［德］韦伯：《新教伦理与资本主义精神》，彭强、黄晓京译，陕西师范大学出版社 2002 年版。

［4］［日］沟口雄三：《中国的思想》，赵士林译，中国社会科学出版社 1995 年版。

［5］［德］康德：《历史理性批判文集》，何兆武译，商务印书馆 1997 年版。

［6］［英］亚当·斯密：《国民财富的性质和原因的研究》，郭大力、王亚南译，商务印书馆 1994 年版。

［7］［英］彼得·斯坦、约翰·香德：《西方社会的法律价值》，王献平译，中国法制出版社 2004 年版。

［8］［美］E. 博登海默：《法理学：法律哲学与法律方法》，邓正来译，中国政法大学出版社 1999 年版。

［9］［美］金勇义：《中国与西方的法律观念》，陈国平、韦向阳、李存捧译，辽宁人民出版社 1989 年版。

［10］［美］罗尔斯：《正义论》，何怀宏、何包钢、廖申白译，中国社会科学出版社 1988 年版。

［11］［法］基佐：《欧洲文明史——自罗马帝国败落起到法国革命》，程洪逵等译，商务印书馆 1998 年版。

［12］［美］泰格、利维：《法律与资本主义的兴起》，纪琨译，学林出版社 1996 年版。

［13］［英］W. IVOR. 詹宁斯：《法与宪法》，龚祥瑞等译，生活·读书·新知三联书店 1997 年版。

［14］［日］杉原泰雄：《宪法的历史——比较宪法学新论》，

吕昶、渠涛译，社会科学文献出版社 2000 年版。

[15]〔英〕弗雷德里希·奥古斯特·哈耶克：《自由宪章》，杨玉生等译，中国社会科学出版社 1999 年版。

[16]〔美〕安德鲁·戈登：《日本的起起落落——从德川到现代》，李朝津译，广西师范大学出版社 2008 年版。

[17]〔美〕卡罗尔·佩特曼：《参与和民主理论》，陈尧译，上海人民出版社 2006 年版。

[18]〔美〕约翰·W. 金登：《议程、备选方案与公共政策》，丁煌、方兴译，中国人民大学出版社 2004 年版。

[19]〔英〕霍布斯：《论公民》，应星、冯克利译，贵州人民出版社 2003 年版。

三、国内著作

[1] 黄稻：《社会主义公民意识》，辽宁大学出版社 1987 年版。

[2] 李龙：《公民意识概论》，武汉大学出版社 1991 年版。

[3] 秦树理、王东虓、陈垠亭：《公民意识读本》，郑州大学出版社 2009 年版。

[4] 马长山：《国家、市民社会与法治》（1998 年国家社科基金项目《公民意识与依法治国》研究报告），商务印书馆 2002 年版。

[5] 马长山：《法治的社会维度与现代性视界》，中国社会科学出版社 2008 年版。

[6] 刘旺洪：《法律意识论》（1997 年国家社科基金项目《法律意识与依法治国——中国法律观念现代化研究》研究报告），法律出版社 2001 年版。

[7] 沈明明等：《中国公民意识调查数据报告（2008）》，社会科学文献出版社 2009 年版。

[8] 江国华：《宪法与公民教育——公民教育与中国宪政的未

来》，武汉大学出版社 2010 年版。

[9] 蓝维、高峰、吕秋芳、邢永富：《公民教育：理论、历史与实践探索》，人民出版社 2007 年版。

[10] 陈光辉、詹栋梁：《各国公民教育》，台湾水牛图书出版事业有限公司 1999 年版。

[11] 王啸：《全球化时代的中国公民教育》，福建教育出版社 2006 年版。

[12] 赵晖：《社会转型与公民教育——中国公民教育目标与内容体系的建构》，人民教育出版社 2007 年版。

[13] 朱晓宏：《公民教育》，教育科学出版社 2003 年版。

[14] 陈永森：《告别臣民的尝试：清末民初的公民意识与公民行为》，中国人民大学出版社 2004 年版。

[15] 何传启：《第二次现代化的行动议程——公民意识现代化》，中国经济出版社 2000 年版。

[16] 郭道晖：《法理学精义》，湖南人民出版社 2005 年版。

[17] 郑永流：《法是一种实践智慧》，法律出版社 2010 年版。

[18] 范进学：《法的观念与现代化》，山东大学出版社 2002 年版。

[19] 刘雪松：《公民文化与法治秩序》，中国社会科学出版社 2007 年版。

[20] 谢如程：《论法治的实践理性》，中国法制出版社 2004 年版。

[21] 谢晖：《法律信仰的理念与基础》，山东人民出版社 1997 年版。

[22] 辛世俊：《公民权利意识研究》，郑州大学出版社 2006 年版。

[23] 苗连营：《公民法律素质研究》，郑州大学出版社 2005 年版。

[24] 解思忠：《国民素质读本》，重庆出版社 2007 年版。

［25］柯卫：《当代中国法治的主体基础——公民法治意识研究》，法律出版社 2007 年版。

［26］夏勇：《走向权利的时代：中国公民权利发展研究》，中国政法大学出版社 2000 年版。

［27］俞可平等：《中国公民社会的兴起与治理的变迁》，社会科学文献出版社 2002 年版。

［28］尚晓援：《冲击与变革：对外开放中的中国公民社会组织》，中国社会科学出版社 2007 年版。

［29］刘诚：《现代社会中的国家与公民》，法律出版社 2006 年版。

［30］曹卫东：《权力的他者》，上海教育出版社 2004 年版。

［31］唐晋：《大国策：通向大国之路的中国民主公民社会》，人民日报出版社 2009 年版。

［32］何怀宏：《西方公民不服从的传统》，吉林人民出版社 2001 年版。

［33］俞可平：《市场经济与公民社会：中国与俄罗斯》，中央编译出版社 2005 年版。

［34］沈敏荣：《市民社会与法律精神》，法律出版社 2008 年版。

［35］卓泽渊：《法的价值论》（第 2 版），法律出版社 2006 年版。

［36］金耀基：《中国的现代转向》，牛津大学出版社 2004 年版。

［37］张文显：《法理学》（第 2 版），高等教育出版社 2003 年版。

［38］王锡锌：《公众参与和中国新公共运动的兴起》，中国法制出版社 2008 年版。

［39］王锡锌：《公众参与和行政过程——一个理念和制度分析的框架》，中国民主法制出版社 2007 年版。

［40］胡平仁：《法律社会学》，湖南人民出版社 2006 年版。

［41］袁贵仁：《马克思的人学思想》，北京师范大学出版社 1996 年版。

［42］程汉大：《英国政治制度史》，中国社会科学出版社 1995 年版。

［43］王孔祥：《国际人权法视野下的人权教育》，时事出版社 2008 年版。

四、论文类

［1］许章润：《论国民的法治愿景——关于晚近三十年中国民众法律心理的一个描述性观察》，载《清华大学学报（哲学社会科学版）》2011 年第 3 期。

［2］马长山：《法治进程中公民意识的功能及其实现》，载《社会科学研究》1999 年第 3 期；《伦理秩序、法治秩序与公民意识——兼论社会主义市场经济条件下的意识形态构建》，载《江苏社会科学》1998 年第 4 期；《从主人意识走向公民意识——兼论法治条件下的角色意识转型》，载《法律科学》1997 年第 5 期；《公民意识：中国法治进程的内驱力》，载《法学研究》1996 年第 6 期。

［3］陈永森：《辛亥革命时期公民权利思想的启蒙》，载《福建师范大学学报（哲学社会科学版）》2004 年第 5 期；《中国近现代史上的国民公德问题研究》，载《江西社会科学》2002 年第 4 期；《市场经济与公民意识》，载《东南学术》1997 年第 2 期。

［4］刘泽华：《论从臣民意识向公民意识的转变》，载《天津社会科学》1991 年第 4 期；《论由崇圣向平等、自由观念的转变》，载《天津社会科学》1993 年第 4 期；《论臣民的罪感意识》，载《社会科学战线》2004 年第 4 期。

［5］高峰：《公民教育：时代与主题》，载《首都师范大学学报（社会科学版）》2005 年第 6 期；《美国人公民意识的演进》，

载《首都师范大学学报（社会科学版）》1999 年第 3 期。

　［6］莫纪宏：《"公民"概念在中国宪法文本中的发展》，载《人权》2010 年第 4 期。

　［7］李丹：《汉语语境中"民"的含义之演变》，载《中国行政管理》2001 年第 5 期。

　［8］馨元：《公民概念在我国的发展》，载《法学》2004 年第 6 期。

　［9］吴威威：《公民及相关概念辨析》，载《天府新论》2005 年第 2 期。

　［10］臧宏：《公民意识的蕴涵及思想政治教育策略》，载《教育评论》2009 年第 1 期。

　［11］纪政文：《当代中国社会主义公民意识探析》，载《东岳论丛》2009 年第 3 期。

　［12］王东虓：《公民意识教育层次性探析》，载《思想理论教育》2011 年第 2 期；《把握公民意识教育的主要内涵》，载《人民日报》2009 年 6 月 11 日第 7 版。

　［13］杨宜音：《当代中国人公民意识的测量初探》，载《社会学研究》2008 年第 2 期。

　［14］黄葳、黄晓婷：《近十年公民教育研究的回顾与展望》，载《清华大学教育研究》2009 年第 1 期。

　［15］姚建宗：《当代中国的社会法治教育反思》，载《大庆师范学院学报》2011 年第 4 期。

　［16］梅萍：《论公民的主体意识与现代公民教育机制》，载《中南民族大学学报》2005 年第 4 期。

　［17］魏健馨：《论公民、公民意识与法治国家》，载《政治与法律》2004 年第 1 期。

　［18］王军：《简论社会主义公民意识与宪法意识》，载《东岳论丛》1987 年第 3 期。

　［19］雍自元、黄鲁滨：《论公民意识的内涵和特质》，载《法

学杂志》2010 年第 5 期。

[20] 程辑雍：《公民意识历史考察和基本内涵》，载《上海社会科学院学术季刊》1987 年第 2 期。

[21] 潘叔明：《公民意识的发展和价值》，载《福建论坛（社科教育版）》1987 年第 1 期。

[22] 孙国华、管仁林：《也谈法与法律的关系——兼与郭道晖先生商榷》，见胡旭晟主编：《湘江法律评论：第 3 期》，湖南人民出版社 1999 年版。

[23]［瑞士］胜雅律：《从有限的人权概念到普遍的人权概念——人权的两个阶段》，见沈宗灵、王晨光：《比较法学的新动向》，北京大学出版社 1993 年版。

[24] 郭道晖：《公民权与公民社会》，载《法学研究》2006 年第 1 期；《社会权力：法治新模式与新动力》，载《学习与探索》2009 年第 5 期。

[25] 中国社会科学院：《2008 年中国互联网舆情分析报告》，载《人民日报》2008 年 12 月 22 日第 12 版。

[26] 黄国瑞：《法治国思想与法之支配理论》，载《（台湾）宪政时代》1990 年第 3 期。

[27] 田雪梅：《近代日本国民的铸造：从明治到大正》，复旦大学国际关系与公共事务学院 2011 年博士学位论文。

[28] 鲁品越：《中国历史进程与市民社会之构建》，见邓正来主编：《中国社会科学季刊：总第 8 期》，社会科学出版社 1994 年版。

[29] 施雪华：《现代化与市民社会》，见邓正来主编：《中国社会科学季刊：总第 7 期》，社会科学出版社 1994 年版。

[30] 邓正来、景跃进：《建构中国的市民社会》，见邓正来主编：《中国社会科学季刊：总第 1 期》，社会科学出版社 1994 年版。

[31] 刘焯：《论社会主义的公民守法》，载《中南政法学院学

报》1990 年第 4 期。

　　［32］丁以升、李清春：《公民为什么遵守法律?》，载《法学评论》2004 年第 1 期。

　　［33］罗豪才、袁曙宏、李文栋：《现代行政法的理论基础——论行政机关与相对一方的权利义务平衡》，见罗豪才主编：《现代行政法的平衡理论》，北京大学出版社 1997 年版。

　　［34］马怀德：《〈行政诉讼法〉存在的问题及修改建议》，载《法学论坛》2010 年第 5 期。

　　［35］孙育玮：《肩负起提高全民法律素质的历史责任——关于"五五法制宣传教育规划"的理论思考》，载《政治与法律》2006 年第 2 期。

　　［36］胡穗：《全球化背景下我国公民意识教育的紧迫性和途径》，载《科学社会主义》2004 年第 6 期。

　　［37］李艳霞：《社会转型期公民意识的良性构建——以社会生活各领域的关系为视角》，载《社会主义研究》2010 年第 1 期。

　　［38］李龙、周刚志：《论公民意识的法治价值》，载《浙江社会科学》2001 年第 1 期。

　　［39］马瑞萍：《改革开放以来我国公民意识研究述评》，载《教学与研究》2008 年第 10 期。

　　［40］冯留建：《中国改革开放以来公民意识问题研究综述》，载《商丘师范学院学报》2008 年第 4 期。

五、外文资料

　　［1］J Halstead. Citizenship and Moral Education：Values in Action ［M］. London；New York：Routledge，2006.

　　［2］Walter C. Teaching Democracy：Unity and Diversity in Public Life，From Idiocy to Citizenship［M］. New York：Teachers College Preess，2003.

　　［3］Janoski，T.，Citizenship and Civil Society［M］. Cambridge：

Cambridge University Press，1998.

［4］Somers，M. Citizenship and the Place of the Public Sphere ［J］. American Sociological Review. 1993（58）.

［5］Turner，Bryan. Citizenship and SocialTheory［M］. Newbury Park，Calif：Sage，1993.

［6］Shirley H Engle & Anna S Ochoa. Education for Democratic Citizenship ［M］. Columbia：Columbia University，Teachers College Press，1988.

［7］Mill，J S. Representative Government ［M］. New york：Everyman ed，1910.

［8］Plamenatz. Man and society ［M］. Vol. I. London：Longmans，1963.

［9］Mill，J S. Essays on Politics and Culture［M］. New york：Himmelfarb G.（ed.），1963.

［10］Cole，G D H. Guild socialism Restated［M］. London：Leonard Parsons，1920a.

六、工具书

［1］［英］戴维. M. 沃克：《牛津法律大辞典》，光明日报出版社 1988 年版。

［2］谢瑞智：《宪法大辞典》，台北：千华出版社 1993 年版。

［3］张凤阳：《政治哲学关键词》，江苏人民出版社 2006 年版。

［4］《公民手册》编写组：《公民手册》，华艺出版社 1988 年版。

［5］"人的安全网络"组织编写：《"人的安全网络"组织》，载夏勇著：《人权教育手册》，李保东译，生活·读书·新知三联书店 2005 年版。

后　记

　　本书是在博士论文"法治实践的公民意识教育价值研究"基础上修订完成的。尽管该博士论文答辩时受到答辩组的一致好评，并荣幸获评当年的校级优秀博士论文，但修订成书的工作依然困难重重，最终还是在工作单位学科建设考核的催促下仓促完成。

　　"法学理论与公民法律素质教育"，作为东北师范大学思想政治教育博士专业的一个研究方向，在国内尚属首创。本人有幸成为这一研究方向第一个毕业的博士研究生，首先要感谢博士点负责人张澍军教授。正是张澍军教授宽广的学术见识与睿智的学术智慧，才使得我和我的同学有了这样一个难得的学习与研究的平台。其次要感谢我的指导老师王景斌教授，正是王景斌教授兼具法学（吉林大学法理学博士）和政治学（东北师范大学政治学硕士）两个学科背景的理论素养，不但给予了我在这一研究方向前进的信心与动力，而且使我在法学理论与思想教育之间找到了一个不为人重视的交叉点——法治实践与公民意识教育的关系问题，从而有了这样一篇兼具法学与政治学色彩的"法治实践的公民意识教育价值研究"博士论文。

　　这样一个选题其实最早萌生于 2007 年年底。当时十七大报告刚刚提出"加强公民意识教育，树立社会主义民主法治、自由平等、公平正义理念"。当年的国家社科基金项目指南也将"公民意识教育研究"在社会学学科下正式列出。也就是在那个时候，王景斌教授指导我应该对法治实践与公民意识教育的关系予以重点关注。还在备考阶段的我，不但应召多次参加老师主持召开的法治实践与公民意识教育关系研讨会，而且还参与了一系列基于法治实践的公民意识教育调研活动。2008 年入学后，在王景斌教授的指导下，在综合前期研讨成果和调研数据的基础上，形成了较为详尽的基于法治实践的公民意识教育文献综述，并开始撰写《我国改革开放 30 年公民意识教育研究的回顾与展望》、《公民意识教育的法治实践模式》等阶段性论文。也正是在整理资料和撰写阶段性论文的过程中，"法治实践是当代中国依法治国背景下公民意识教育的有效途径"、"公民意识教育是法治实践的附加价值与终极目标"这两个命题在师生的脑海中形成共识，由此开启了论文从选题到落笔长达四年的写作历程。

在东北师范大学求学的四年里，导师王景斌教授为本选题的研究倾注了大量心血，一次次地召开公民意识教育研究的专题研讨，一遍又一遍地进行研究框架论证，逐词逐句不厌其烦地修改阶段性论文，付出的心血难以一一言说。客观地讲，本书的许多核心论点大都来自于导师的指导与点拨，个人在其中的贡献不过就是整理与展开而已。本书能以今日之面目呈现，还要感谢思想政治教育专业的各位老师，正是他们从标题到内容、尤其是从问题着手的逻辑提示，从篇章建构到选题在深层次上的教育意义等方面的悉心点拨、以及对法治实践的深层追问，才使我这个思想政治教育领域的新兵得以最终完成这一博士论文并修订成书，在此一并致谢。

最后，我想说的是，交叉问题的研究是一件非常困难的事情：许多时候，一个标题的雕琢、一个研究角度的选取，往往会耗去导师和我几天甚至几个月的时间；顺着一个思路刚刚完成了几万字的写作，一夜过后又觉得离题甚远而从头再来。时至今日，我依然深感本书有许多问题仍未能深入展开，部分内容因不同阶段的认知差异而前后缺乏有效衔接，有些观点可能还存在错误，望各位读者批评指正。

图书在版编目（CIP）数据

公民意识教育：法治实践的附加价值研究/李升元著 . —北京：中国人民公安大学出版社，2015. 5
ISBN 978-7-5653-2223-5

Ⅰ.①公… Ⅱ.①李… Ⅲ.①公民教育—关系—社会主义法制—法制教育—研究—中国 Ⅳ.①G648.3②D920.4

中国版本图书馆 CIP 数据核字（2015）第 114449 号

公民意识教育：法治实践的附加价值研究

李升元　著

出版发行：中国人民公安大学出版社
地　　址：北京市西城区木樨地南里
邮政编码：100038
经　　销：新华书店
印　　刷：北京泰锐印刷有限责任公司

版　　次：2015 年 5 月第 1 版
印　　次：2015 年 5 月第 1 次
印　　张：6.375
开　　本：880 毫米×1230 毫米　1/32
字　　数：172 千字

书　　号：ISBN 978-7-5653-2223-5
定　　价：28.00 元

网　　址：www. cppsup. com. cn　www. porclub. com. cn
电子邮箱：zbs@ cppsup. com　zbs@ cppsu. edu. cn

营销中心电话：010-83903254
读者服务部电话（门市）：010-83903257
警官读者俱乐部电话（网购、邮购）：010-83903253
法律分社电话：010-83905745